Début d'une série de documents
en couleur

LA
COOPÉRATION
AU PAYS DE MONTBÉLIARD
ET SES
RAPPORTS AVEC LA QUESTION SOCIALE

PAR

LÉON SAHLER

PARIS

LIBRAIRIE FISCHBACHER

(SOCIÉTÉ ANONYME)

33, RUE DE SEINE, 33

—

1890

Fin d'une série de documents
en couleur

LA
COOPÉRATION

AU PAYS DE MONTBÉLIARD

ET SES

128074

RAPPORTS AVEC LA QUESTION SOCIALE

PAR

LÉON SAHLER

PARIS

LIBRAIRIE FISCHBACHER

(SOCIÉTÉ ANONYME)

33, RUE DE SEINE, 33

—

1890

LA COOPÉRATION

AU PAYS DE MONTBÉLIARD

ET SES RAPPORTS AVEC LA QUESTION SOCIALE

I.

Considérations générales.

Parler de coopération, sans toucher, au moins par quelques-uns de ses côtés, à ce qu'on est convenu de nommer la *question sociale*, ne serait-ce pas rester à côté du sujet? Or c'est là un point délicat, qui agite fort les esprits à notre époque, et que nos contemporains, avec des inspirations plus ou moins heureuses et des bonheurs divers, ont cherché à approfondir ou à résoudre. Nous aurons donc à nous aventurer sur un terrain brûlant, et à examiner des doctrines, auxquelles beaucoup sont loin de s'associer sans réserves.

Qu'est-ce que la coopération? — C'est une des formes de l'association. Une société coopérative est donc en premier lieu une société par actions. Mais ici, la possession de l'action n'est plus la seule attache qui unisse les sociétaires. On comprend très bien une société par actions, dont les actionnaires ne se connaissent aucunement, habitent des localités fort éloignées les unes des autres. Il ne saurait en être de même d'une *société coopérative*. Si, elle aussi, est

une association commerciale, elle est encore autre chose.
Pour qu'elle existe, il faut, entre tous ses membres, un lien,
la poursuite d'un but commun, autre que celui du seul
profit. Il faut qu'il y ait *association d'efforts*. C'est pourquoi,
dans ces sociétés les votes sont généralement comptés par
tête, sans égard au nombre d'actions groupées dans les
mêmes mains [1].

Il est des sociétés coopératives de deux genres différents.

Les *sociétés de consommation* sont destinées à procurer à
leurs membres les denrées dont ils ont besoin dans les
meilleures conditions de prix et de qualité, à leur venir en
aide dans certaines circonstances.

Quant aux *sociétés de production*, il arrive quelquefois
que leur rôle est de réduire les frais de fabrication, de faci-
liter, à des conditions avantageuses, l'écoulement de leurs
produits. Plus souvent les sociétés de production tendent à
la suppression du patron ou entrepreneur. Nous discuterons
cette prétention.

Je laisse complètement de côté les sociétés coopératives de
crédit ; elles ne se sont pas développées en France.

Quant à la *question sociale*, en quoi consiste-t-elle, quelles
en sont les causes, comment se manifeste-t-elle? En admettant quelle comporte une solution complète, la coopération
peut-elle nous la fournir? — Ainsi que notre titre le fait
prévoir, tel doit être le sujet de cette étude.

Il est à peine besoin de faire remarquer que c'est du développement de la liberté que la question sociale est née.
Lorsque les chefs de tribus ou nos anciens monarques
avaient, sans contestation possible, droit de vie et de mort
sur leurs sujets, droit de confiscation sur leurs biens, que la
pensée elle-même n'était pas libre, il n'y avait, il ne pouvait

---

[1] La valeur de l'action y est toujours minime, cinquante francs en
général, elles sont nombreuses et fort divisées.

y avoir, de question sociale. La force, l'autorité étaient le droit.

Aujourd'hui, franchissant des étapes successives, la liberté a acquis droit de cité, la démocratie coule à pleins bords et pourtant, ce fait n'empêche pas certaines individualités, plus ou moins qualifiées, de parler encore de *revendications sociales*, d'autres, d'une *émancipation nécessaire* des classes populaires. Et certains, de ceux qui en font partie, se croyant frustrés, réclament le *produit intégral* de leur travail, dout ils ne reçoivent, disent-ils, qu'une part infime.

Sans être du nombre de ces satisfaits qui pensent que l'on est arrivé à un état où tout est pour le mieux dans le meilleur des mondes, qu'il n'y a plus rien à chercher, aucun progrès à réaliser, je crois, que telles qu'elles sont présentées ces prétentions ne sont pas recevables.

Mais il n'en est pas moins certain qu'il existe une question sociale, née avec la liberté, question que nous voyons se manifester tantôt par des grèves, tantôt dans des élections législatives ou communales, et qui témoigne dans un certain milieu, d'un mécontentement, prenant sa source dans des besoins plus ou moins légitimes, qui ne sont pas satisfaits.

Tout esprit soucieux de l'avenir ne peut rester indifférent à l'étude de ces problèmes. Il faut examiner ce qui peut être fait, en se défiant surtout des fausses théories et des solutions prématurées.

Mais quels sont-ils au juste ces problèmes? Ne pourrait-on pas admettre que la question sociale se manifeste par un ensemble de faits contradictoires en apparence? Ainsi, une loi morale nous dit: «Tous les hommes sont égaux.» En fait, ce sont les inégalités les plus marquées qui se voient! Un sentiment d'équité, inné chez l'homme, exigerait aussi que chacun, au moyen du produit de son travail, fût à l'abri des privations cuisantes et du besoin. Il n'en est pas ainsi. La répartition des fruits du travail nous paraît donc souvent mal faite, et ceux qui souffrent surtout sont de cet avis.

A ces maux, pouvons-nous, par d'ingénieux procédés, apporter un remède complet, assuré, comme s'il s'agissait d'une solution algébrique ou géométrique à découvrir? C'est ce que pense une école dont j'aurai à discuter les théories.

Ou, au contraire, ce travail de lutte contre des situations qui, dans leurs diversités, nous semblent parfois monstrueuses, devrons-nous, impuissants à le régulariser, le léguer intact à nos successeurs? Cette seconde alternative peut aussi être examinée. Du reste la vérité ne se dégage-t-elle pas souven de propositions contraires? Tel serait peut-être encore ici le cas.

Je n'aborderai pas l'hypothèse d'une révolution nouvelle bouleversant de fond en comble notre société. Avec le suffrage universel, dont les erreurs sont quelquefois grandes, il est vrai, tout peut se résoudre légalement et pacifiquement. Ce qui peut du reste nous rassurer jusqu'à un certain point sur ses décisions, c'est que le nombre des propriétaires fonciers et des porteurs de valeurs mobilières est infiniment plus considérable qu'on ne le suppose généralement. Ce nombre s'accroît chaque année, les sociétés coopératives de consommation y contribuent pour une part. Tout cela, ce sont des garanties d'ordre.

Comme il paraît certain qu'on se préoccupe beaucoup aujourd'hui, et avec raison, des inégalités qui se manifestent dans la condition des hommes, inégalités que l'on voudrait faire disparaître, il convient d'en rappeler très brièvement les causes actuelles.

II.

Quelques mots sur certaines causes d'inégalité.

Signalons en première ligne le défaut de santé ou misère physique. C'est elle qui empèche un trop grand nombre d'hommes, de se livrer régulièrement à un travail rémunérateur. C'est elle aussi qui fait les veuves, les orphelins, et qui procrée des enfants souffreteux, incapables de lutter avantageusement dans la vie. A côté de ce mal s'en place un autre, la misère morale. Sans parler de ce que l'expérience personnelle révèle chaque jour, on peut voir par les journaux combien le vice sous toutes ses formes, l'ivrognerie, l'inconduite, la paresse, le désordre amènent dans notre société de conséquences fâcheuses, dont sont victimes, non les coupables seulement, mais les innocents en bien plus grand nombre.

Mentionnons encore, comme cause d'inégalité, la répartition si capricieuse de la grâce, de la beauté, des talents spéciaux, qui procurent souvent de grands avantages, et n'oublions pas que l'intelligence est très inégalement répartie.

Si tous les hommes étaient aussi bien constitués les uns que les autres, si, dans leurs actions, ils se montraient également bons et moraux, encore faudrait-il, pour que de grandes différences dans leurs positions respectives ne se manifestent pas, que tous soient en état d'user avec la même *intelligence* de cette *liberté*, qui est notre premier bien. La vérité, c'est que la vie est une course folle où les moins doués, souvent bousculés, sont fortement distancés par les plus robustes, les plus sages, les plus intelligents, les plus énergiques, les plus complets, les mieux armés pour la lutte.

Enfin ce qui est encore vrai, c'est que tous les hommes,

par les circonstances qui entourent leur naissance, ne sont pas placés en même situation.

Voici ce dont nous sommes témoins : Pendant qu'en arrivant dans ce monde, les uns trouvent tout facile, d'autres, en bien plus grand nombre, n'ont à compter que sur eux-mêmes.

Certes, il a été déjà beaucoup fait, surtout dans ces années dernières, pour la classe la plus nombreuse, et je ne citerai ici que la loi sur l'instruction primaire obligatoire. Elle met aux mains de tous, cette arme précieuse : l'instruction.

De même, pour nos écoles d'arts et métiers, et nos écoles supérieures de l'État, auxquelles on arrive au moyen de concours, l'entrée a été considérablement facilitée : le paiement est devenu presque une exception, la gratuité ou bourse, à peu près la règle. C'est le travail seul qui y donne donc accès. Lui seul est suffisant pour ouvrir, même aux plus déshérités des biens matériels, les carrières les plus honorables. Je cite les écoles normales, polytechnique, Saint-Cyr, des beaux-arts, pour lesquelles c'est indubitablement le cas.

Mais tous ne pouvant être ou officiers, ou ingénieurs, ou artistes, ou professeurs, tous n'étant pas doués du reste pour cela, on peut dire que ces mesures, quelque utiles quelles soient, peuvent ne pas paraître suffisantes.

Elles ne sont surtout pas considérées ainsi par nos modernes réformateurs, qui se sont mis à la recherche de plus hautes conceptions. Nous les voyons du reste ennemis de toute aristocratie, fut-ce même uniquement celle de l'intelligence, et ce qu'ils cherchent — à tort sans doute, puisque cela n'est pas possible, — c'est l'établissement d'un niveau moyen, permanent, entre tous les hommes, et cela malgré toutes les causes perturbatrices de cette égalité qu'ils rêvent !

Une solution complète, absolue et satisfaisante du problème cherché, ils croient l'avoir découverte dans l'établissement,
une vaste échelle, de grandes associations coopératives,

embrassant dans leur sein l'activité entière du commerce et de la production, dans ses manifestations diverses.

Mais avant d'aborder ce sujet avec les détails qu'il comporte, il est un point que je voudrais sommairement indiquer. Je veux parler du peu de stabilité de ces fortunes que l'on reproche aux uns de posséder comme étant une atteinte à cette égalité rêvée, et que, par une étrange aberration, quelques-uns regardent aussi comme étant prises sur le bien-être d'autres moins favorisés.

Si l'on a la curiosité de parcourir la liste des indigents secourus, à Montbéliard, par exemple, ou de demander leurs noms à ces petits mendiants qui tendent parfois la main dans la rue, on sera peut-être surpris d'y rencontrer ceux des familles les plus considérées de la ville, dernier vestige d'une origine commune : les uns, par l'effet de causes naturelles, s'étant progressivement élevés, pendant que les autres descendaient tous les degrés de l'échelle sociale.

Nos familles actuellement en vue, du reste, sont de souche très modeste, et il ne faudra sans doute pas beaucoup de générations pour que, par des causes semblables à celles qui ont toujours agi dans les sociétés, une partie, au moins, de leur descendance, ne rentre dans ce rang. Nous avons vu déjà de semblables faits se produire dans ce pays. Je crois inutile d'insister.

D'autre part il serait facile de dresser un état de ceux de nos concitoyens qui, fils de leurs œuvres, sont arrivés, soit dans notre région, soit en s'éloignant de leur lieu natal, aux places les plus enviées, dans l'armée, dans la banque, dans le commerce, dans l'industrie, dans la politique, dans les lettres, dans les sciences. Leurs noms sont sur nos lèvres. Ils sont pour nous les témoins de ce qu'une volonté énergique ainsi qu'un travail intelligent et soutenu peuvent produire.

Résumons ce qui précède en disant que s'il est beau-

coup d'inégalités sociales, qui, s'ajoutant les unes aux
autres, parfois pendant un temps assez long, produisent
ainsi de tristes conséquences, ces causes sont naturelles. Il
n'est pas possible d'en poursuivre la suppression au delà
d'une certaine limite. Ce qu'il faut retenir aussi, c'est que
l'expérience nous montre qu'entre les différentes couches de
la population, il y a un échange continuel d'éléments.

Notre époque paraît s'être par trop éprise d'un rêve d'égalité, d'un idéal de nivellement. C'est une pure illusion que
cette recherche, car elle est en contradiction flagrante avec
tout ce que nous voyons dans la nature, dont l'essence, si
elle est l'harmonie, est bien plus encore l'inégalité. Et si
nous voulons regarder ce qui chaque jour peut frapper les
yeux, ne voyons-nous pas souvent les enfants d'un père,
auxquels il a consacré les mêmes soins, prendre dans la vie
des positions fort différentes, tant les facultés, les aptitudes
sont inégalement réparties, tant les caractères et les efforts
sont différents !

En en recherchant les causes, les contrastes que nous
voyons se produire dans la grande famille humaine, se trouvent
pleinement expliqués, justifiés par notre nature.

Tout en cherchant à apporter à cette situation les remèdes
que nous savons être efficaces, sachons en prendre notre
parti, comme on se résigne à tout ce qui est inévitable.

III.

Le coopérativisme ou collectivisme coopératif.

Que désignent au juste les noms étranges et nouveaux qui
se trouvent en tête de ce chapitre ?

Le coopérativisme consiste, non pas à reconnaître l'excellence du principe coopératif en lui-même, à en faire usage,

suivant les circonstances, mais à penser que la coopération, appliquée partout et sur la plus vaste échelle, peut résoudre toutes les questions sociales.

C'est d'Angleterre que nous est venue cette doctrine. En France, le journal qui lui sert d'organe est l'*Emancipation*, publication mensuelle, qui parait à Nimes depuis deux ans. Au nombre de ses rédacteurs dévoués, nous pouvons citer M. Gide, professeur de droit à la Faculté de Montpellier, M. de Boyve, directeur du journal, M. Charles Robert, ancien conseiller d'État, M. Tomi Fallot, etc.

Le congrès des sociétés coopératives de consommation qui s'est tenu à Paris, l'été dernier, a fourni à M. Gide l'occasion de nous tracer, dans un discours d'ouverture, les principes généraux du coopérativisme. Après avoir dépeint la société moderne, organisée en vue du gain individuel, et le consommateur forcément sacrifié, il poursuit: «Que faut-il faire ! Rétablir l'ordre de choses rationnel, mettre la production au service de la consommation. Et pour cela, il suffit de créer de grandes et puissantes associations de consommateurs, vendant elles-mêmes, et produisant elles-mêmes, non seulement dans leurs propres fabriques, mais sur leurs propres domaines, tout ce qui est nécessaire à leurs besoins.»

« Il est clair que si de semblables associations se généralisaient et finissaient par embrasser tout ou la grande partie d'un pays, elles deviendraient peu à peu maitresses de toutes les puissances productives d'un pays, de tout son outillage commercial, industriel et agricole, et ce jour-là, le problème serait pleinement résolu: l'ordre économique actuel aurait été complètement, quoique pacifiquement résolu. »

« La classe ouvrière aurait ainsi réalisé dans la mesure ou il peut l'être, le rêve qu'elle a exprimé tant de fois dans ses manifestes d'acquérir la propriété des instruments de productions, magasins, machines, usines, sol, sous-sol, etc. En effet, du jour ou tout l'outillage du pays appartiendrait aux

associations de consommation, il appartiendrait par là
même, pour la plus grande partie, aux classes ouvrières constituant la majorité pour tout le pays. »

Le même auteur, dans un article intitulé : « Qu'est-ce que
le salariat[1] ? » nous montre cette antique coutume de rétribution du travail, comme constituant un état de guerre permanent. Le salariat, dit-il, c'est cette obligation où se trouve
un homme de travailler pour le compte d'un autre homme,
et de produire, non pour soi, mais pour autrui ! Nous ne pouvons, ajoute-t-il, considérer comme un état normal et définitif celui dans lequel l'homme n'est qu'un instrument pour
l'homme. »

Voici deux grands principes qu'on met en avant : Premièrement, extinction graduelle de toute propriété particulière,
dont l'exploitation passerait aux mains de grandes et puissantes
associations. Secondement, suppression du salariat, auquel on
substituerait l'allocation d'une part dans le produit de ces
associations, commerciales, industrielles et agricoles.

Ces réformes, on l'a dit, se feraient pacifiquement, par la
persuasion, la seule contagion de l'exemple ; et par là, s'éta-
blirait une paix durable entre tous les hommes, qui vivraient
tous heureux, au sein de l'abondance.

Ces moyens sont simples et infaillibles, nous dit-on. En ce
qui me concerne, j'ai de fortes raisons pour croire que si ce
projet était viable, il n'engendrerait pas autre chose qu'une
ruine et une misère générales !

Nous pouvons relever, dans l'*Emancipation*, quelques détails du plan d'attaque.

« Il s'agit d'abord d'organiser pour les sociétés coopératives
de consommation un *magasin de gros*. Le jour où ce magasin de gros aura 400,000 acheteurs, on créera, au fur et à
mesure des besoins, des sociétés de production, dirigées par

[1] Émancipation 15 juillet 1889.

des hommes capables et bien payés, et où les ouvriers recevront une part dans les bénéfices.» Ces paroles sont de M. Charles Robert.

On le voit, ce ne sont pas des sociétés coopératives indépendantes de production qu'il s'agit de fonder, mais bien des dépendances d'un magasin de gros, qui deviendrait ainsi l'entreprise la plus colossale qu'on ait jamais eu l'idée de fonder. Cette administration finirait ainsi par embrasser tout le commerce et toute l'industrie d'un pays.

Dans son discours d'ouverture, dont j'ai déjà parlé, M. Gide a eu soin de nous donner la raison de cette préférence. «Les seules associations coopératives de production constituées d'une façon indépendante et produisant pour leur compte, qui ont réussi, dit-il, n'ont guère fait que de transformer des ouvriers d'élite en petits patrons. Puis il ajoute: Et d'ailleurs, si elles devaient se généraliser et s'étendre à tout l'ensemble de la production, elles feraient revivre tous les vices de l'ordre de choses actuel, l'égoïsme coopératif n'étant pas moindre que l'égoïsme individuel, et les ouvriers producteurs ayant le même intérêt à vendre cher que les patrons producteurs».

Cette réorganisation de notre société paraît à certains esprits parfaitement combinée. Nous conservons cependant plus d'un doute, nous l'avons dit, au sujet de sa viabilité.

La tâche qu'on s'est imposée, se décompose donc en quatre opérations, temps ou périodes. Premièrement on établira de nombreuses et grandes sociétés coopératives de consommation. Secondement on organisera pour leur service un vaste magasin de gros unique. Dans la troisième période, le magasin de gros, réalisant des bénéfices, les consacrera à la fondation de vastes usines, à l'établissement de grands ateliers, et, changeant de rôle, d'acheteur qu'il était autrefois, deviendra producteur. Enfin, dans la quatrième phase, les bénéfices, devenant de plus en plus importants, tant dans les sociétés de consommation, qu'au magasin de gros, et dans les ateliers de production, on se rendra alors propriétaire et maître de la terre : l'agriculture, dernière étape et couronnement de l'édifice, se fera, elle aussi, coopérativement.

Je crois voir quelques lecteurs sourire, peut-être au souvenir d'une fable apprise sur les bancs de l'école primaire et qui commence ainsi :

«Perrette sur sa tête ayant un pot au lait
«Bien posé sur un coussinet....

Cependant, les idées que nous venons de rapporter sont émises par les hommes sérieux, dont on a les noms. De plus, leur mise en pratique a reçu un commencement d'exécution en Angleterre, sur lequel on s'appuie prématurément, peut-être.

Nous devrons, les examiner avec tout le sérieux qu'elles réclament.

IV.

Examen des doctrines du coopérativisme.

Ce qui doit nous frapper en premier lieu, ce sont les proportions considérables de l'entreprise à laquelle on nous convie, que des hommes, peu habitués au maniement des affaires, peuvent seuls, à ce qu'il semble, avoir conçue.

On voit, il est vrai, des administrations ou des entreprises, étendre leurs ramifications de façon à envelopper toute une contrée, tout un pays. Mais il faut remarquer qu'elles ont alors un objet spécial, réduit, parfaitement défini. Ce sont, par exemple, des compagnies de chemin de fer, des compagnies d'assurances, ou même des agences pour la vente d'un produit déterminé. Avec cet objectif limité, il est nécessaire que ces sociétés aient à leur tête des hommes de valeur, d'expérience, qu'on ne rencontre pas aussi souvent qu'il serait parfois nécessaire.

Mais que dire si semblable administration devait s'occuper non d'un objet spécial, mais pourvoir à toutes les nécessités, de la nourriture, du vêtement, de l'habitation, des besoins infiniment divers, variés, variables, et toujours plus nombreux, des habitants d'une même contrée !

Où rencontrer une intelligence ou un concert d'intelligences assez vastes, assez puissantes, assez complètes, pour tout embrasser utilement, tout combiner, tout prévoir, tout deviner et tout contrôler !

Pour tourner la difficulté, voulez-vous, au lieu d'une administration unique, en avoir plusieurs ? Les unes alors, supérieures, ou trouvant des conditions plus favorables, prendront forcément le pas sur les autres, les faibles disparaîtront ! L'unité de direction, la concentration poussée dans ses dernières limites, c'est l'essence même du système proposé. Il saute aux yeux qu'on ne peut, dans ces conditions ni en former une, moins encore en maintenir, qui soit à même de s'acquitter convenablement de cette tâche écrasante.

Après celle que nous tirons des *proportions de l'entreprise*, notre seconde objection consiste à dire que le système proposé serait le *règne de l'incompétence*.

En effet, peut-on imaginer un conseil, — un conseil choisi par suffrage universel, qui n'a pas la science infuse, — conseil, si nombreux, ou si restreint qu'on le désire, — capable de donner une impulsion raisonnée à toute l'activité humaine ! Capable de prendre des décisions concernant l'agriculture, les mines, le commerce, la navigation, la construction, embrassant, — je le dis en un mot pour ne pas entrer dans une énumération fastidieuse, — toutes les spécialités possibles !

Un incapable seul, pourrait se croire en état d'émettre un avis raisonnable sur autant de questions diverses et consentirait à en faire partie.

Après l'incompétence flagrante, signalons encore un autre vice irrémédiable du système : *l'immobilité.* — Forcément, le travail, comme l'entendent nos réformateurs, ne pourrait lutter sérieusement avec l'industrie privée, et je m'explique.

Entrant, pour un moment, dans les idées des novateurs, supposons leur rêve en partie réalisé. Nous voyons alors de nombreux ateliers coopératifs fonctionner. Ils sont peuplés d'ouvriers travaillant sous la direction de chefs (car il en faut toujours), dont ils sont satisfaits. Chacun fait sa besogne ; on est heureux momentanément, il ne manque rien à personne ! Pourquoi, dès lors, se casser la tête, s'ingénier à produire mieux, plus rapidement, plus économiquement qu'on ne l'a fait jusqu'alors ! Quel avantage trouverait-on à se fatiguer plus qu'il n'est nécessaire, plus que le voisin, par exemple ? on pourrait se rendre malade. Pourquoi se lever plus matin, quel profit en résulterait-il ?

Et pendant que, plein de quiétude, on est heureux, la production privée, qu'on n'a pu anéantir complètement, ne reste pas inactive ; elle a encore des débouchés pour lesquels elle lutte, elle se remue ! Chaque entrepreneur tient à faire honneur à ses affaires. Dans les sociétés nombreuses, on a moins le sentiment de cette responsabilité, souvent même il fait entièrement défaut. Nos producteurs travaillent donc du matin au soir, ils ne s'accordent point de loisir, une pensée unique hante le cerveau de chaque chef responsable, celle de sa fabrication. Tous sont à la recherche de procédés nouveaux, qu'ils garderont secrets le plus longtemps qu'ils le pourront, mais qui finiront par être connus. Procédés qui procureront à l'inventeur, soit une économie de temps ou d'argent, soit une fabrication plus soignée ou un meilleur emploi des produits accessoires. La nécessité seule rend ingénieuse.

On ne peut assez le dire, c'est à cette lutte incessante, résultat de la concurrence, dont certains ne veulent voir que les mauvais côtés, que notre génération, héritière de celles qui l'ont précédée, doit incontestablement les avantages dont elle a la libre jouissance. Nous profitons de toute cette somme d'inventions, petites ou grandes, qui en sont résulté. Supprimer cette lutte, ce serait s'arrêter dans la voie du progrès.

Si, il y a soixante ans, par exemple, la théorie avait été réalisée, avec la centralisation qu'on réclame, nous traverserions vraisemblablement l'Atlantique à la voile, et nous mettrions, pour le moins trois jours en diligence, pour nous rendre à Paris. Disons encore que ce n'est pas avec la suppression du salariat que l'on aurait percé le Mont-Cenis, le Saint-Gothard ou l'isthme de Suez.

Mais, ce n'est pas tout!

Pour terminer, il me reste encore une objection, plus grave peut-être que les précédentes, à présenter. L'organisation qu'on nous offre est absolument contraire aux aspirations les plus chères et les plus certaines de l'esprit moderne, toutes tournées vers la *liberté.* Ce qu'on nous propose, c'est le cloître, c'est pis que les anciennes corporations! Dans cette conception quelle part pourrait-on laisser à l'initiative privée? — Aucune! — Tout étant centralisé, vous serait-il possible de quitter l'atelier? — Assurément non, il n'y aura plus d'autre producteur!

Et demandant à lutter seul, pourrez-vous réclamer le salaire qui vous revient, ou votre part dans le travail antérieurement fait? — Non. — Il faut être content, vous êtes rivé à la chaîne, tout est en commun, vous ne comptez plus, vous êtes un atome, rien de plus!

À moins donc que ce ne soit le désordre complet, ce qu'on offre, c'est, sous une puissante et indispensable centralisation, un asservissement général. Vive donc le salaire, qui mieux que toute autre combinaison, assure à tous la liberté.

V.

De la production.

Comme on l'a dit souvent, trois éléments concourent à la formation de toute production : le capital, la direction ou esprit d'entreprise, le travail manuel ou main-d'œuvre.

Dans une production rudimentaire, ces trois facteurs peuvent se trouver réunis en une même personne. C'est souvent le cas pour un petit agriculteur. Un maréchal ou un forgeron pourra être aussi propriétaire de son outillage, des matières qu'il met en œuvre; à lui seul, il sera capable d'ébaucher ses produits, de leur donner le fini, comme aussi de les livrer aux consommateurs avec lesquels il en débattra le prix.

Si, en vue de donner de l'extension à sa fabrication, il s'adjoint moyennant salaire, un robuste gaillard, capable d'entretenir la fournaise, et dont les bras nerveux pourront, au commandement, faire retomber sur l'enclume une lourde masse, ce producteur aura, par cette mesure, procédé à la division du travail. Et par une autre conséquence de cette division, il aura rendu possible un conflit entre le capital qu'il représente et le travail fourni par le salarié. En fait, il arrive fort souvent que, comme dans ce dernier cas, le capital et l'esprit d'entreprise se trouvent concentrées dans les mêmes mains. Certains esprits ne font alors aucune distinction. Dans leurs raisonnements, laissant de côté la direction, ils opposent ces deux seuls facteurs: le capital et la-main d'œuvre. C'est faire une étrange abstraction et tomber dans une grossière erreur. Mais plus s'accentue le développement matériel de nos sociétés, plus clairement se montre cette division du travail en trois éléments distincts.

Par suite des proportions considérables que prennent forcément les entreprises qui réussissent, des intérêts multiples qui s'y trouvent engagés, elles ont une tendance marquée à se transformer en sociétés par actions, de sorte qu'au bout d'un certain temps le capital de ces sociétés se trouve réparti en une infinité de mains, et quelquefois, presque entièrement détaché de la direction.

Le Capital.

Quel est, dans la production, le rôle des trois éléments que nous venons de spécifier ? Quel est en particulier celui du capital?

Remarquons que c'est lui, qui, à l'origine, a permis d'acquérir ou de former les instruments de travail. C'est lui aussi qui, jusqu'à la ruine totale, doit supporter les pertes de l'entreprise. A ce compte nous pouvons dire qu'une rémunération, proportionnelle à ces risques, lui est due. Ceux-ci sont évidents. Un nombre considérable d'affaires paraissant, aux yeux des plus sages, conçues dans des conditions favorables, ont sombré, à côté d'autres dont la prospérité est devenue légendaire.

Lorsqu'il y a sécurité à peu près complète pour le placement, comme cela existe par exemple pour les prêts faits, sous forme d'obligations, à nos grandes compagnies de chemins de fer, nous voyons la rémunération du capital être minime, elle ne dépasse plus dans ce cas $3^{1}/_{4}$ pour cent[1].

Certains économistes prétendent même que dans un temps plus ou moins éloigné, l'abondance des capitaux produits par

---

[1] On peut objecter ici que ces obligations ont une plus-value pour l'époque plus ou moins lointaine de leur remboursement qui, par le fait, élève un peu l'intérêt donné. Mais la rente française 3 %, par exemple, ne rapporte pas plus de $3^{1}/_{4}$ % au cours actuel.

l'épargne sera telle, que le taux, dans ces conditions, pourra s'établir à 1 pour cent par an[1]. Il deviendra alors fort difficile de vivre de ses revenus, et à peu près tous les hommes devront, ou faire des placements aventureux, ou se livrer à une occupation rémunératrice pour pouvoir subsister. C'est ce dont déjà nos fils seront peut-être les témoins. En tous cas, une chose est certaine, c'est que le loyer de l'argent a une tendance à diminuer. Ajoutons que deux causes peuvent empêcher cependant ce mouvement de se précipiter.

L'une serait heureuse ; il faudrait admettre pour qu'elle se produisit, un redoublement de l'activité humaine, nécessitant l'emploi de grands capitaux, comme cela a été le cas au milieu de ce siècle, pour le développement de la grande industrie et l'établissement d'un vaste réseau de voies ferrées. Cet essor pourrait se produire aussi bien dans nos contrées que dans celles ou la civilisation est à l'état rudimentaire, ou pénètre seulement.

L'autre, qui serait funeste, serait celle d'une grande guerre. Les armées en campagne occasionnent une destruction considérable de capitaux de tous genres, constructions, machines, animaux, ainsi qu'un gaspillage énorme de produits de toutes espèces. En même temps, la production se trouve entravée d'une façon presque absolue. La guerre a donc pour effet la raréfaction du capital et du produit, par là une élévation inévitable du taux de l'intérêt. Indépendamment de toute considération morale, la guerre est donc un fléau économique.

Pour en revenir à la production, nous voyons que la part faite au capital, variable suivant les risques, est parfaitement légitime. Nous voyons aussi que par suite de la concurrence que se font les capitaux, plus l'abondance de ceux-ci

---

[1] Voyez *Essai sur la répartition des richesses*, par Paul Leroy-Beaulieu.

est grande, plus ils offrent leurs services à meilleur compte, de sorte que, de moins en moins, la production se trouve grevée de ce côté[1].

La Direction.

Quelle est, dans la production, l'agent moralement ou pécuniairement responsable? Est-ce le porteur de l'action? Pour lui, nos lois établissent la situation, en disant que cette responsabilité ne peut s'élever au delà du montant de l'action. Ne pouvant intervenir dans la conduite de l'entreprise, l'actionnaire a dû forcément abdiquer entre les mains d'administrateurs ou directeurs. — Serait-ce la main d'œuvre? Il est évident qu'elle est innocente des fautes qui peuvent être commises. Son contrat est le plus clair: qu'il y ait perte ou bénéfice, elle fournit un travail déterminé, pour un prix convenu.

Le seul agent, par conséquent complètement responsable, c'est la direction. Elle a donc droit, non seulement à une part importante du profit, s'il se présente, mais encore, en raison de cette responsabilité, à une indépendance absolue, pour

---

[1] Page 141 du Compte rendu des séances du *Congrès de la participation* de 1889, nous trouvons cette étrange assertion : Lorsque le capital a reçu une rémunération normale de 5 %, il n'a rien à exige: de plus. L'auteur n'oublie qu'une chose, c'est de fixer également une limite pour la perte. Lorsque l'entreprise tourne mal, où celle-ci doit-elle s'arrêter? Peut-on la circonscrire?

Dans le numéro du 22 mars de cette année de l'*Économiste français*, nous trouvons l'historique d'une houillère du Pas-de-Calais, payée *neuf cent trois mille francs*, en 1837. — En 1870 elle s'est effondrée sous le poids d'un passif qui obligea chaque actionnaire à libérer complètement ses actions en versant, pour chacune d'elle, une somme de cinq mille francs. La houillère trouve alors acquéreur à 550,000 francs. Mais ce n'est pas tout.

En 1885, nouvelle liquidation désastreuse ; la houillère est mise en vente cette même année, et ne trouve acquéreur qu'à 16,508 francs !

tout ce qui touche à la fabrication. Sans indépendance, point de responsabilité possible.

De quoi s'agit-il généralement dans une direction ? Est-ce de suivre les éléments d'un travail toujours le même, tracé d'avance ? Bien au contraire, celle-ci est presque toujours pleine d'imprévu ! Les circonstances varient à l'infini, ce qui nécessite à tout instant, du tact, de la décision, du coup d'œil, de l'ardeur, du courage, des qualités absolument *personnelles*[1], sans parler des connaissances spéciales. La rencontre d'une réunion satisfaisante de ces conditions diverses est un fait peu commun.

Aussi c'est pour ne pas s'être rendu suffisamment compte de cette vérité que tant de sociétés coopératives de production ont éprouvé de si piteux échecs. Les droits de chacun étant égaux, chacun tout naturellement a voulu être maître à son tour, s'est considéré comme étant apte à tout. C'est si difficile de reconnaître à son camarade une supériorité, et la discipline nous est si peu naturelle !

Les difficultés de la production, dirons-nous encore, sont nombreuses; c'est presque toujours une opération compliquée, qui nécessite l'emploi de moteurs, de procédés spéciaux, de tours de main de métier. C'est un nombreux personnel à choisir, à conduire, à satisfaire, à diriger. C'est un choix judicieux de matières premières à opérer, une clientèle à contenter, des fonds qu'il faut savoir manier. Et enfin, ce

---

[1] On me fera peut-être observer que l'on voit de nombreuses sociétés en nom collectif prospérer. Ce fait semble contredire ma thèse. La contradiction n'est qu'apparente. Tous ceux qui ont pu voir de près comment les choses se passent dans les maisons de quelque importance, dont la marche est normale, savent que malgré la pluralité des chefs, il en est toujours un, le plus âgé ou le plus énergique, qui donne le ton, dont l'avis est prépondérant et qui décide en dernier ressort toute chose de quelque importance. Il y a donc toujours, même dans ce cas, une direction personnelle continue et permanente.

que l'on cherche, ne l'oublions surtout pas, ce sont des bénéfices à réaliser. Or, même avec une direction intelligente, rien
n'est moins certain que le bénéfice.

Ce qu'il faut savoir, c'est qu'avec la concurrence qui existe
partout dans notre vieille Europe, où tout est étiqueté,
connu, classé, prévu, concurrence qui a fait baisser au profit
de chaque consommateur le prix de tous les articles de consommation courante, ce bénéfice est devenu une chose aléa-
toire, incertaine, difficile à obtenir, impossible à maintenir
longtemps sans un nouveau travail et un nouvel effort d'intelligence.

Il faut forcément, pour qu'il y ait bénéfice, que la direction soit plus habile, plus adroite, plus persévérante, plus
intelligente, plus judicieuse, plus économe, et plus heureusement inspirée encore, que la moyenne des directions simi-
laires. Le bénéfice est donc réellement et surtout le produit
de la direction. — Or, est-il possible d'admettre qu'une direction multiple ou coopérative puisse aisément réunir cet
ensemble de qualités nécessaires, qu'elle soit aussi, riche
d'expérience? Nous avons dit que nous ne le pensons pas.

La participation de l'ouvrier dans les bénéfices du patron,
dont on parle souvent à propos de production coopérative, est
tout autre chose, car là, nous voyons la direction rester intacte.
C'est une question qui mérite la plus sérieuse attention et
qui ne peut être traitée en deux mots.

Outre l'impossibilité de lui donner, dans ce travail, tout le
développement auquel elle a droit, par une autre raison
encore que je vais indiquer, je n'aborderai pas ce sujet. Il
me semble en effet difficile de mieux résumer tout ce qu'on
peut dire en faveur de cette idée que ne l'a fait le Compte
rendu des séances du *Congrès de la participation aux bénéfices* qui s'est tenu à Paris en 1889.

Par contre, il serait difficile de renchérir sur les objections
sérieuses que formule au sujet d'une application générale de

ce principe, M. Paul Leroy Beaulieu, dans son ouvrage intitulé *La question ouvrière au XIXe siècle* [1].

[1] La première de ces publications se trouve à la librairie Guillau-
min, la seconde chez Charpentier, 11, rue de Grenelle. — A signaler
surtout, dans le compte rendu, à côté des faits très intéressants au
point de vue social, relatifs aux maisons Leclaire, à Paris, Godin, à
Guise, La Roche-Joubert, à Angoulème, la déposition faite au nom de
M. Alfred Dodge, fabricant de feutre et de bois pour pianos à Dogde-
ville (États-Unis). Nous allons la résumer dans ce qu'elle a d'essentiel :
De 13 à 20 ans, M. Dodge a été apprenti, puis ouvrier-pianiste, travaillant dur, donnant à son patron, dit-il, outre le produit de ses robustes bras,
celui de son intelligence et de son dévouement, pour toucher le même
salaire que des voisins qui n'avaient d'autres préoccupations que d'arriver à la fin de la journée. Ses heures de loisir, il les consacre à col-
porter, de porte en porte, des articles d'importation européenne.
«En ouvrant ma première et bien modeste manufacture à New-York,
avec sept ouvriers, poursuit-il, je leur reconnus un droit absolu à une
partie du bénéfice de leur travail, sauf à adopter celui des systèmes en
usage aux États-Unis, qui me paraîtrait le meilleur. Les trois premières
années s'étant soldées par des pertes, je n'eus que trop de loisir pour
fixer mon choix. »
« Mais, de l'examen des systèmes essayés jusqu'alors aux États-Unis,
et de mes propres idées, j'avais conclu que la participation aux bénéfices, basée sur un tantième pour cent, fixé proportionnellement aux
salaires, devait être rejetée.»
M. Dodge indique ici pour quelles raisons, suivant lui. Nous n'en
citerons que la première. « D'abord , comme injuste, en raison
de la grande différence de travail utile, produit par un homme
intelligent, robuste, attentif et dévoué, et celui d'un indifférent. Celui
qui travaille des mains, de la tête et du cœur, a plus de droits que
celui qui ne travaille que des mains. Il pourrait même se laisser aller
au découragement s'il voyait ce paresseux profiter, comme lui, d'un
excédent de profits, qu'il est seul à produire.»
«Lorsque la mise en évidence de mes produits à l'Exposition de
Vienne, en 1873, me fit entrer d'un bond dans la période des gros
profits, je cherchai à éviter tous ces écueils et crus arriver, en prenant
comme base de répartition, un chiffre élevé de 25 %, et en les allouant
aux deux chefs de service, à charge par eux de les distribuer aux
hommes les plus méritants de leurs départements. Je limitais ainsi
à deux personnes, le droit de vérification des affaires sociales, récom-
pensais les mérites, et évitais ce qui pouvait faire croire à une augmentation de salaire. Ce système ne m'a pas satisfait, ces deux chefs de

Malgré tout l'intérêt qu'elle présente, nous laisserons donc, sans y toucher autrement que par la note que nous venons d'ouvrir, cette question intéressante.

Cependant, nous ferons remarquer encore que l'application de la participation aux bénéfices serait tout à fait insuffisante s'il s'agit de rendre un désaccord impossible. Tous les conflits entre patrons et ouvriers ne portent pas forcément sur la main-d'œuvre. De plus l'importance, la nature, le mode d'attribution et de répartition de cette participation ne

---

service se sont alloué, en conscience, la plus forte part de ces 25 %. — Il a été une déception ! »

M. Dodge entre ensuite dans des explications que nous ne trouvons pas absolument claires, mais desquelles il semble résulter que la participation individuelle aux bénéfices consiste actuellement chez lui en primes de production. Je suppose, dit le représentant de M. Dodge, qu'il faille une moyenne de cinq heures pour la confection d'une pièce déterminée ; si un ouvrier ne met que quatre heures à faire cet ouvrage, il nous a procuré un bénéfice représentant une heure de travail. La plupart de nos objets passent en moyenne par vingt-deux mains. Un contrôle a lieu pour ce passage d'une main à l'autre. Il faut être courageux pour obtenir cette participation. Les paresseux qui n'ont pas obtenu le salaire moyen, n'ont pas droit aux bénéfices.

A côté de cette participation individuelle, fonctionne à Dodgeville, une participation collective qui s'est manifestée par les créations suivantes : Institution et dotation de salles de lecture, de réunion, de danse, de théâtre, de bibliothèque, billards, gymnase, salle de consommation pour rafraichissements autres que les alcools, fanfare, le tout administré par les ouvriers.

Création d'un parc de cent quarante ares, avec une dotation annuelle de cinq mille francs.

Constitution de maisons isolées confortables, et louées à un taux modéré.

Création d'une école.

Subvention à la caisse de secours des ouvriers, création de pensions et d'assurance en cas de décès.

Gratifications aux plus méritants, lesquelles se sont élevées l'année dernière à 150.000 francs.

« Eh bien, Messieurs, dit M. Dodge en terminant, je crois avoir obtenu des résultats qu'il n'est pas possible de surpasser dans un temps aussi

peuvent-elles pas donner lieu elles-mêmes à tout moment à des discussions irritantes[1]? Ce serait, suivant nous, se faire une étrange illusion de croire que la rivalité des classes, de même que celle des individus, pourra jamais cesser.

La main-d'œuvre.

La main-d'œuvre n'échappe pas à cette loi générale de l'ordre économique, qui veut qu'en tout, la valeur soit l'effet de l'offre et de la demande. Si deux patrons courent après un ouvrier, la main-d'œuvre monte. Si deux ouvriers sollicitent un même patron, il y a des chances pour que la valeur s'abaisse.

Une égale activité ne règne pas toujours dans un même genre de travail; tantôt il s'y rencontre plus d'ouvriers que

---

court. Là, j'ai grandi dans des proportions inouïes, même pour les États-Unis; l'ouvrier est devenu prospère à Dodgeville, il s'est moralisé, il s'est instruit, a compris toute la dignité du travail : il a fait de son mieux pour la prospérité de l'usine. *Il travaille*, PARCE QUE C'EST SON DEVOIR. Il a cessé d'être un ouvrier pour devenir un citoyen exerçant une profession manuelle aussi honorablement, que d'autres exercent les professions libérales les plus estimées !»

Assurément, peu de producteurs seraient à même de faire ce que, simple ouvrier devenu patron, M. Dodge a exécuté. Mais il n'en subsiste pas moins, pour tout employeur de main-d'œuvre qui réussit, une obligation morale, nous dirons aussi un devoir de solidarité : celui de consacrer, dans la mesure de ses succès, une partie de ses bénéfices à des œuvres capables de procurer le bien-être à ses ouvriers.

Ajoutons que cette participation, collective et indéterminée, dans la très grande majorité des cas, personnellement nous semble la seule applicable, ou tout au moins celle qui peut donner actuellement les résultats les plus certains et les meilleurs.

[1] Nous lisons, page 130 du *Congrès de la Participation:* «En 1872, à l'exception d'un seul cas, qui depuis, d'ailleurs, est allé rejoindre la règle générale, tous les essais de participation de ce genre aux États-Unis, y compris celui de la célèbre carrosserie Brewster, avaient sombré dans les grèves qu'elles étaient destinées à faire disparaître.»

d'ouvrage, tantôt plus de travail qu'il n'y a d'ouvriers. De cet état des choses résulterait des oscillations fort grandes dans la rétribution de la main-d'œuvre, si toutes les industries se trouvaient atteintes, ou étaient particulièrement actives en même temps. Heureusement, il en est rarement ainsi.[1]

Ces soubresauts n'affectent du reste que la production industrielle. A côté d'elle s'exerce, sur une plus large échelle, l'activité agricole, nécessitant toujours à peu près le même nombre de bras. Par sa marche toujours égale, elle constitue une sorte de régulateur. Dans les périodes d'activité industrielle, nombre de ses travailleurs quittent leurs travaux habituels, et viennent grossir les rangs des phalanges industrielles.

Ils trouvent souvent, dans ces occupations nouvelles, qu'ils n'abandonnent plus, une rétribution plus large que celle à laquelle ils étaient habitués, ainsi que d'autres avantages encore, qui sont la raison de leur changement d'état.

---

[1] Quelques causes accessoires influent encore sur ce prix de la main-d'œuvre. Elle est, en général, plus élevée dans les industries en voie de prospérité, que dans celles qui ne le sont pas. C'est une sorte de participation indirecte aux bénéfices. — Quelque singulier que cela puisse paraître, disons aussi qu'il arrive souvent que la main-d'œuvre est moins élevée dans une ville que dans un simple village, malgré des charges plus lourdes dans ce premier cas que dans le second. L'ouvrier préfère être dans une ville. Il s'y porte en raison des distractions à sa portée qu'il y trouve, comme aussi en raison de la facilité plus grande qu'il a de changer de travail. — La main-d'œuvre est plus élevée à Audincourt, à Valentigney, par exemple, qu'à Montbéliard. Le contraire devrait exister. — Lorsque dans cette contrée y a une vingtaine d'années, l'industrie horlogère traversait une période de prospérité remarquable, l'ouvrier horloger pouvait en peu de temps, gagner d'assez fortes sommes. La vérité nous oblige à dire, que c'était de tous, le plus mauvais payeur ! Le nombre de ceux qui travaillent régulièrement était réduit. Cet état de choses s'est quelque peu modifié depuis que les gains sont moindres, pour le commerce comme pour la main d'œuvre, dans cette partie.

Remarquons que, pendant que la tendance de l'industrie,
dont le champ s'élargit, est de fournir toujours plus d'occupation à la main-d'œuvre, l'agriculture, par contre, cherche
à réduire le nombre des bras qu'elle occupe. Ce résultat
s'obtient, par des changements de culture, des procédés nouveaux, de nouvelles méthodes, l'emploi d'engrais et de machines perfectionnées. Ces modifications, du reste, sont la
conséquence forcée du renchérissement du salaire de l'ouvrier, de ses exigences plus grandes, qui ne coïncident pas
avec une amélioration dans les prix de vente des produits
agricoles.

Ainsi donc, nous voyons la hausse de la main-d'œuvre
résultant, non de l'agriculture qui la subit, mais produite
par l'activité de la production industrielle. Dès lors on ne
peut prétendre que l'industrie engendre la misère, ni la
rendre responsable de celle qu'on voit autour d'elle. Si dans
une localité essentiellement agricole se trouve une famille
dénuée de ressources, elle transporte d'ordinaire son domicile
dans un centre ouvrier, où, dénuée de tout, elle arrive dans
l'espoir d'y trouver du travail.

On a prétendu quelquefois que l'ouvrier ne recevait jamais
que ce qui lui était strictement nécessaire pour sa subsistance
et pour celle de sa famille. La fausseté de cette proposition,
que rien n'appuie, en France au moins, saute aux yeux. Pendant que les prix payés pour certaines mains-d'œuvre font ressortir, dans notre contrée, la journée à trois francs environ,
nous voyons des ouvriers, plus adroits que les premiers, ou
possédant des connaissances spéciales plus étendues,
arriver au double, et au-delà. Plusieurs font des économies,
deviennent propriétaires. Disons qu'il faut des circonstances
heureuses pour que ce résultat soit atteint, des enfants
travaillant en même temps que le père par exemple. Chez les
parents, des qualités d'ordre, d'intelligence, d'économie, qui
ne se rencontrent pas toujours, sont nécessaires. Il n'est pas

de degré dans l'échelle sociale sur lequel on ne puisse, ou avancer ou reculer !

Quelques chiffres, empruntés au dernier recensement, peuvent nous fournir d'utiles indications relativement à la main-d'œuvre. Ce document nous apprend qu'en France, sur dix mille individus :

4,880 appartiennent à l'agriculture,
2,490 relèvent de l'industrie,
1,030 se livrent au commerce, et
1,600 sont répartis dans les autres professions.
_____
10,000 ensemble.

Donc, en chiffres ronds, la *moitié* de notre population est employée aux travaux des champs, le *quart* dans l'industrie. Le commerce et les autres professions prennent le dernier *quart*.

Interrogez un agriculteur, vous l'entendrez se plaindre ! Les souffrances de cette partie du travail national peuvent être réelles, puisque le prix de la terre a baissé, et que presque partout, on a dû diminuer les fermages. Les plaintes de l'agriculture consistent surtout dans le renchérissement considérable, et presque continuel, de la main-d'œuvre, qui ne permet plus à sa production d'être rémunératrice.

Lorsque, dans d'autres milieux que celui de l'agriculture, on discute, nous entendons souvent dire, qu'il est urgent, indispensable d'arriver à une plus large rémunération de la main-d'œuvre industrielle ! — Du travailleur des champs, on ne parle pas ! Or, n'est-ce pas cette classe, qui est la moins rétribuée, qui a la vie la plus rude, la tâche la plus pénible, le vêtement le plus modeste, la nourriture la plus frugale; qui jouit du moins de superflu, de distractions, d'agrément? Dans la fixation des salaires, si d'autres lois que celle de l'offre et de la demande devaient intervenir, ne serait-ce pas ces nombreux travailleurs des champs qu'il faudrait commencer par mieux payer ? Mais, comme tout est solidaire, augmenter la part de l'un, ne peut se faire qu'en diminuant la part de l'autre. Cette mesure aurait pour conséquence, *le pain plus cher ou le fermage encore plus réduit.*

Mais, nous dit-on alors, c'est le patron industriel qui a la part trop belle, qui gagne trop ! — Nous répondrons, qu'au point de vue économique, le seul, qui pour l'instant doive nous occuper, il est nécessaire que parfois, le patron gagne, ou paraisse trop gagner. En présence des risques de tous genres que l'on court avant d'arriver au succès, qui n'est pas le lot de tous, si parfois, il n'y avait pas de beaux résultats d'atteints, qui donc voudrait affronter ces risques ? Or, c'est une chose particulièrement heureuse, indispensable même, que l'activité règne dans un pays, que l'esprit d'entreprise y soit largement stimulé par l'espérance du succès. Si, par une cause ou par une autre, comme la crainte d'une guerre ou d'un bouleversement social, le succès devient plus problématique, immédiatement nous voyons faiblir l'esprit d'entreprise, le travail se ralentit, de nombreux bras se trouvent inoccupés. En somme, pour résumer ce que nous avons à dire au sujet de la main-d'œuvre, disons qu'on ne peut, en traitant de cette matière, laisser de côté l'agriculture, qui, en France, en emploie la majeure partie. Disons aussi, qu'ici contrairement à ce que nous avons vu pour le capital, dont la rétribution tend à diminuer, le prix de la main-d'œuvre continue sa marche ascendante. Dans toute production, la part qu'elle prélève devient de plus en plus considérable.

VI.

De la production coopérative.

Un remarquable exemple de production coopérative nous est donné par les nombreuses fruitières qui se rencontrent principalement dans le Jura et dans les Alpes, et dont notre contrée montbéliardaise offre quelques types à Blamont, à Chamesol, à Villars-les-Blamont, à Écurcey, à Colombier.

Ces associations, relevant de l'agriculture, ont pour objet la fabrication des fromages, au moyen du lait fourni par les associés. La quantité livrée journellement par chacun est exactement notée, et le produit net de la fabrication, à de certaines époques, est partagé, soit en nature, soit en argent, proportionnellement aux apports en lait de chacun. Le bâtiment d'exploitation est une propriété indivise commune.

Chaque fois qu'une association coopérative devra tendre à un but aussi simple que celui-là, aussi bien défini, aussi peu sujet au changement, qu'elle se trouvera en présence d'une fabrication toute de tradition, laissant à l'imprévu aussi peu de prise, une semblable association aura de grandes chances de réussite.

Remarquons qu'ici il n'y a point de matière première à choisir, à acheter, à solder, point ou peu de main-d'œuvre à payer, point d'incertitude dans ce qu'il convient de fabriquer. De plus, ce qui fait l'objet de l'association, ce n'est pas le travail personnel de chacun des participants, mais le fruit en nature d'une partie de ce travail, lequel peut être exactement mesuré, évalué, ce qui est bien différent.

Une association de cochers, comme il en existe dans certaines grandes villes, peut encore se trouver dans des conditions de réussite relativement favorables, ceci par d'autres raisons. Une telle société, en effet, ne produit pas, en conséquence elle n'a pas à se préoccuper du placement de sa marchandise. Point de difficultés de fabrication ou de vente. Pour les services à rendre, des tarifs établis à l'avance. Chacun des associés sur son siège conserve beaucoup de liberté, d'indépendance, une certaine autonomie.

A côté de ces deux types, peut-être pourra-t-on citer des natures d'associations se rapportant plus ou moins à l'un de ces genres [1]. Mais en général, comme nous avons cherché à l'établir dans les chapitres précédents, la fabrication est une opération délicate, fertile en problèmes toujours nouveaux, pleine d'imprévu et de difficultés.

Cette vérité est si évidente qu'elle n'a pu échapper entièrement aux plus ardents apôtres de la production coopérative. Voici en effet, comment, dans un récent article, s'exprime M. Anseele, le promoteur de la coopération à Gand :

« Que de qualités pour réussir en production coopérative ! Une science plus étendue chez le directeur, et chez les ouvriers un dévouement bien plus grand que dans l'industrie privée. Pour faire réussir une société de production, il faut que chaque membre de cette collectivité d'hommes, travaillant dans un même but, soit bon et sans méfiance pour son voisin, sans cette distinction, cette hiérarchie, ce classement,

---

[1] Dans un remarquable article de la *Revue des institutions de prévoyance*, année 1887, sous ce titre : *Les sociétés coopératives de production*, et avec la signature de M. ERNEST BRELAY, nous trouvons l'indication des sociétés coopératives de production suivante, comme prospérant à Paris.

« L'association des lunetiers.
Les tailleurs de limes, rue de la Mare.
Les charpentiers de la Villette.
Le Travail, société de peintres en bâtiments.
Les tailleurs de la rue de Turbigo.

« Mais, dit-il, on les accuse, non sans raison, de n'être que des associations de patrons, c'est-à-dire un noyau, une élite, des aristocrates se recrutant par sélection, par cooptation, qui emploient des ouvriers, qui les exploitent et ne les admettent à la dignité d'associés, que lorsqu'ils ont fait leurs preuves. Nous ne voulons pas savoir si on croit les critiquer ou les calomnier ainsi, mais, pour notre part, nous croyons qu'on ne saurait mieux faire leur éloge ».

D'autre part nous trouvons dans un article très laudatif, publié au sujet de ces sociétés, dans un de nos journaux coopératifs, ce qui suit : « La prospérité de ces intéressantes collectivités, tient surtout à la sévérité de leurs règlements, à l'énergie et à l'entente des affaires de ceux qui sont chargés de la direction et à la discipline des associés. »

Ajoutons y cette réflexion : il n'est pas commun de rencontrer un pareil ensemble de qualités.

qui sont les conditions nécessaires de l'industrie privée.
Dans ces associations on doit payer les chefs moins que dans
l'industrie privée et les ouvriers davantage. »

« Il faut aussi que ceux qui créent des sociétés coopératives
soient des natures d'élite, qui cherchent leur récompense
dans la conviction intime d'aider au progrès de l'humanité.
Mais qu'ils se gardent bien de se faire des illusions sur la
facilité de leur tâche, les déceptions viendront vite, et les
pertes seront regardées comme des crimes, par beaucoup,
alors que bien peu tiendront compte des bénéfices réalisés
ou des efforts accomplis. »

« La lutte est impossible si tous les associés ne comprennent
pas qu'ils travaillent pour un principe, pour une cause, et
non pour un intérêt personnel [1]. »

Ces paroles sont indubitablement l'expression de la vérité.
Mais quelle autre conclusion à en tirer que celle-ci : pour
que la production coopérative réussisse, il faut des natures
d'élite ! De la part des directeurs, un esprit de sacrifice qui
n'est pas ce qu'on rencontre d'ordinaire. Chez les travailleurs, une sagesse que la généralité des hommes ne possède
pas ! La production coopérative est donc une conception
toute idéale, peu en rapport avec l'état actuel d'imperfection
des hommes, pris dans leur ensemble, et qui ne peut exister
qu'à *l'état d'exception.*

Ce n'est pas de nos jours seulement qu'on a fait des essais
de production coopérative. Vers 1848, sous l'empire des
idées nouvelles qui surgissaient alors, un mouvement marqué
en faveur de la coopération ne tarda pas à se produire.
Nombre de sociétés se fondèrent alors. Le gouvernement de
cette époque fit voter par l'assemblée constituante un crédit
de trois millions de francs, lesquels furent répartis entre
quarante-cinq sociétés.

[1] Émancipation 15 août 1889.

Les associations fondées avec cet appui constituèrent un nombre assez considérable de sociétés, avec celles qui existaient déjà. Paris était leur centre, car c'était là que l'idée nouvelle était accueillie avec le plus de foi et d'enthousiasme. Mais, comme on pouvait s'y attendre, il n'y avait rien de solide dans ce mouvement improvisé, sans expérience : aussi l'insuccès fut éclatant. Les seules sociétés qui résistèrent furent des sociétés de production en noms collectifs, avec participation des ouvriers dans les bénéfices.

Pour reprendre à nouveau cette idée de production coopérative, il était nécessaire d'attendre que le souvenir de ses premiers insuccès se fut un peu effacé.

C'est en 1878 que M. Benjamin Rampal qui, pendant longtemps s'était occupé avec une louable ardeur des questions économiques, léguait sa fortune à la ville de Paris. Bien des difficultés s'élevèrent de la part de collatéraux; elles furent aplanies en 1881. Suivant les volontés du testateur, le produit de ce legs devait être employé à faire des prêts à des sociétés coopératives de consommation, de crédit et de production.

Une somme de 420,000 francs, dépassant quelque peu l'actif disponible du legs, fut alors prêtée à quarante quatre sociétés qui reçurent des sommes diverses. Presque toutes étaient des sociétés de production. Nous y trouvons des associations de bijouterie, de chapellerie, des sociétés de charpentiers, de cochers, de couvreurs, d'ébénistes, de ferblantiers, d'horlogers, de jardiniers, de papetiers, de paveurs, de peintres, de sculpteurs, de selliers, de vanniers, de charrons, de teinturiers et d'opticiens. Une variété considérable d'occupations en un mot !

Postérieurement à ces répartitions du début, quelques prêts purent être encore consentis au moyen des remboursements faits par les premiers emprunteurs, pour termes échus et paiement d'intérêts.

Il ressort d'un article publié dans les *Coopérateurs français*
à la suite du dernier rapport présenté au Conseil municipal
de Paris, que sur 47 sociétés de production ayant emprunté
au legs Rampal, 19 sont dissoutes et 8 en faillite. C'est dire
que 57 % de ces sociétés ont fait de mauvaises affaires.

D'autre part, neuf sociétés devaient rembourser à la ville
au 1er janvier 1890. Deux d'entre elles seulement se sont
acquittées; sur les sept autres, trois sont dissoutes et les
quatre dernières sollicitent de nouveaux délais. Enfin sur
les cinq qui devaient rembourser au 1er avril 1890, quatre
sont en instance pour obtenir une nouvelle prorogation.

En résumé, sur quarante-neuf prêts du legs Rampal
accordés jusqu'en 1887 pour trois années, il n'y en a encore
que neuf qui soient entièrement remboursés. Sur ces neuf se
trouve une société de consommation.

Ces résultats ne sont pas réjouissants, mais ils renferment
un enseignement.

On ne peut parler de coopération, et surtout de production
coopérative, sans citer l'Angleterre. Et, le voudrions-nous,
que nous y serions forcément ramenés, puisqu'on nous
donne constamment l'Angleterre comme étant un foyer actif
de production coopérative.

Les sociétés coopératives de consommation, comme on le
sait, sont fort développées dans ce pays, et deux magasins
de gros (Wolesale), qui ont été fondés en 1861 et 1869 pour
les alimenter, ont fait pendant le dernier exercice le chiffre
d'affaires respectable de huit cent seize millions de francs.

Sur ces 816 millions, sept et demi millions proviennent de
marchandises manufacturées coopérativement par les deux
magasins de gros, dont nous venons de parler.

Assurément, ce n'est pas un mince denier. Mais rappro-
chés du premier chiffre, celui des ventes, c'est peu de chose,
un peu moins de *un pour cent* de ces ventes.

D'après un tableau indiquant la production des ateliers

coopératifs des Wholesale anglais et écossais, qui m'a été communiqué, on voit que cette production est peu variée et reste confinée dans un nombre restreint d'articles. En y jetant un coup d'œil, on remarque en totalisant, que depuis leur origine,

la chaussure y entre pour . . . . 70 %
les biscuits et la confiserie pour . . . . . . 13 %
le savon pour. . . . . 8 %
le mobilier pour . . . . 6 %
d'autres articles pour . . . . 3 %

Total des parts. . . 100 —

La chaussure, une industrie encore relativement facile, lorsque l'écoulement, comme ici, est assuré, — la chaussure a donc fait à elle seule près des 3/4 des ventes.

Ces résultats, ont-ils été faciles à obtenir, naturels? Nous devons croire qu'il n'en est rien. Une personne bien renseignée m'écrit : Le magasin de gros a fait faillite deux fois avant d'arriver à l'état de prospérité qu'il a aujourd'hui. On m'affirme également que M. Wansettard Neale, un des apôtres anglais de la production coopérative, a consacré, non pas son temps seulement, mais encore la plus grande partie de sa fortune, à la réalisation de ses plus chères idées; il n'est sans doute pas le seul.

Dans de semblables conditions, la démonstration de la production coopérative, en tant que système pouvant se généraliser, reste à faire.

Du reste, que l'ouvrier soit au service d'une association coopérative ou à celui d'un seul patron, en quoi son sort est-il changé? Que peut-il gagner à cette substitution? Au contraire, il vaut souvent mieux relever d'un homme que d'une société.

VII.

Les sociétés coopératives de consommation.

Les sociétés coopératives de consommation sont loin, dans notre pays, d'avoir comme nombre et comme importance le développement de celles qui, placées dans des conditions autres sans doute, ont pris naissance en Angleterre.

On compte, en France, environ 750 sociétés coopératives de consommation, au milieu desquelles, celles de notre rayon, ne sont ni les moins prospères, ni les moins importantes. Celles-ci font en moyenne un chiffre de ventes de 175,000 fr. par an.[1] Mais, comme au nombre des 750 sociétés dont je viens de parler, on rencontre, à côté de sociétés très développées, environ 300 boulangeries, dont le chiffre d'affaires, limité à cet article, ne peut être considérable, ainsi qu'un certain nombre de sociétés mal venues et languissantes, cette moyenne, appliquée à la généralité, serait certainement beaucoup trop élevée. En l'abaissant à quatre-vingt mille francs, nous ne devons pas être bien loin, et probablement même, un peu en dessous de la réalité. Ce chiffre donnerait donc, pour la totalité de nos sociétés françaises, une vente annuelle de 60 millions de francs.

Il ne serait donc pas exact de dire que la société coopérative de consommation n'a pu prendre aucun développement en France. Ces sociétés y occupent au contraire une place, qui, pour n'être pas encore des plus considérables, n'en est pas moins bien nettement marquée.

Jusqu'à quel point ce mouvement ira-t-il grandissant ? c'est ce qu'il est difficile de dire aujourd'hui, car cela peut dépendre de bien des circonstances.

[1] Voir le tableau qui termine ce travail. (Annexe n° 2.)

Remarquons que les sociétés coopératives de consommation, ont, sur l'entreprise privée, à côté de quelques causes d'infériorité, plusieurs avantages certains. Tout d'abord un écoulement assuré du produit qu'elles achètent, une clientèle qui ne peut leur manquer. Pour celle-ci, il n'est pas nécessaire de faire de grands frais de locaux, d'emplacement, de publicité, de personnel ; ces dépenses peuvent être réduites au minimum.

Ces sociétés n'ont pas non plus à compter de majorations dans les prix de vente, pour pertes éventuelles de créances, car elles ne font pas de crédit, ni pour pertes d'intérêts sur les paiements en retard, c'est également un point important.

Nous pourrions nous en tenir à cette énumération. Mais bien que les intérêts et les considérations économiques jouent, dans les affaires humaines un rôle prépondérant, si on veut être scrupuleusement exact, il faut tenir compte encore d'autres éléments. Or, à ce compte, il n'est pas possible de se méprendre sur le rôle moralisateur des sociétés coopératives de consommation. Ce serait envisager superficiellement la question que de ne voir, en elles, que des magasins dans lesquels on peut s'approvisionner, mieux, ou à meilleur compte que dans d'autres. Elles sont, à n'en pas douter, des écoles d'ordre, d'économie, de sagesse pratique, de relèvement, par conséquent. A ce titre elles ne peuvent manquer d'attirer d'une façon croissante l'attention des personnes de tous rangs que préoccupent à juste titre les intérêts sociaux, et qui ne ménagent ni leur temps, ni leurs peines, lorsqu'il y a une œuvre utile à entreprendre ou à soutenir. Qu'il s'agisse de charité, d'éducation, ou d'un simple intérêt général, on les voit sur la brèche. Leur aide paraît acquise, ce fait a sa valeur.

Pour s'occuper d'une société coopérative, et prendre une part à sa direction, il n'est pas nécessaire d'être riche ou influent. Il faut jouir d'une certaine liberté, avoir un

robuste bon sens, une volonté persévérante et un grand
dévouement.

Par toutes ces raisons, il semble que la société coopérative de consommation est une conception qui n'a pas
encore atteint tout le développement dont elle est susceptible.
Nous la verrons, dans la suite, faire son chemin.

Et pourtant! ce ne sont pas les critiques qui ont été
ménagées jusqu'ici à nos sociétés. Voici quelques-unes de
celles qu'on leur a faites.

La bourgeoisie, nous dit-on, par son esprit de tradition et
ses habitudes d'ordre, est seule à même de gérer une entreprise
commerciale. Les coopératives n'ont aucun avenir. L'ouvrier
est un être indiscipliné, imprévoyant, impatient, léger, intem-
pérant, ne connaissant et n'estimant que le travail physique.

— Nous admettons que la classe bourgeoise, dont il n'est pas
facile de tracer les limites, a beaucoup de qualités qui lui sont
propres. La classe ouvrière manque en général d'éducation, de
préparation. Mais c'est un tort auquel se laissent entraîner parfois les meilleurs esprits, que celui de la généralisation. Ce
raisonnement en est bien la preuve! De ce fait que certains
traits de caractère sont plus spécialement ceux de la bourgeoisie, faut-il admettre qu'ils soient son partage exclusif?
Tout ouvrier, par le seul fait de son état, se montre-t-il donc
incapable d'une vue d'ensemble, d'un effort persévérant, de
toute pensée d'ordre, d'économie. L'instruction et l'éducation
qui se répandent, le trouvent-elles donc réfractaire? — Pour moi,
je n'hésite pas à dire que je vois, à côté d'ouvriers insouciants,
coupables, intempérants, vivant au jour le jour, beaucoup d'autres, plus développés, plus prévoyants, tout un groupe nombreux, qui, à force de travail et de bonne conduite, d'économie, a non seulement un budget en ordre, mais se constitue
une épargne qui grossit avec le temps. Ce sont des familles
rangées élevant convenablement leurs enfants. Pourquoi les
déclarer incapables lorsqu'il s'agit de coopération?

On a prétendu aussi qu'il n'y avait pas possibilité pour nos sociétés de recruter des employés fidèles, les seuls qui s'offraient ayant tous les défauts! C'est une erreur. Je puis affirmer que depuis dix-huit ans que fonctionne la société coopérative d'Audincourt, pas le plus petit acte d'indélicatesse n'a été relevé sur le compte d'aucun de ses employés. Cette société a fait pendant ce laps de temps, près de cinq millions de francs d'affaires, et réalisé d'importants bénéfices au profit de ses adhérents.

Les critiques qu'on nous adresse ne sont pas toutes des reproches d'impuissance, bien au contraire; voici la contrepartie. — Vos sociétés tuent le petit commerce, nous dit-on d'autre part.

Assurément, répondrons-nous, elles ne sont pas favorables à son développement. Lorsqu'une société coopérative a acquis une certaine extension, ses frais de vente sont excessivement réduits. Le petit commerce ne peut plus lutter. C'est le consommateur qui profite de cet état de choses. Nous voyons là, sur une échelle un peu moins vaste, la répétition de ce qui se passe à Paris, avec les grands magasins de nouveautés. Seulement, différence essentielle, le bénéfice, ici, loin de se concentrer dans quelques mains, se divise au contraire d'une façon bienfaisante.

Du reste, si la coopération devait enlever leurs moyens d'existence à une classe plus ou moins nombreuse de citoyens, dont les occupations actuelles n'auraient plus leur raison d'être, et qui auraient conséquemment à s'en créer d'autres, ce changement se ferait à la longue, et non brusquement. Ses débuts difficiles en fournissent la preuve.

En face du bien qu'elle fait, pourrions-nous, pour tout autant, si le fait se produisait, maudire la coopération? Les chemins de fer ont rendu inutiles une partie des entreprises de transport qui existaient avant eux, ils n'en ont pas moins constitué un grand progrès.

Mais, ces reproches, en sens contraire, ne semblent contenir chacun, qu'une faible part de vérité.

La coopération a un champ d'action limité, elle ne peut remplacer tout le petit commerce, ainsi qu'on semble le craindre. Ses conditions d'établissement ne sont pas partout favorables. Il ne se rencontre pas partout, ce qui est indispensable, des hommes d'action, capables de prendre une direction. Il faut aussi pour que la coopération soit viable, une certaine dose de raison et de vertus, que toutes les populations ne possèdent pas encore.

Ensuite, remarquons que toutes les branches de commerce ne conviennent pas également à la coopération. Il est de son devoir et de son intérêt bien entendu de s'abstenir de plusieurs. Il n'est pas désirable en effet que ces sociétés favorisent les goûts de dépense, s'occupent par exemple, de parfumerie, de confiserie, et, sans entrer dans une énumération détaillée, de tout ce qui touche au luxe même à bas prix. L'article courant, de bonne qualité, faisant de l'usage, voilà quelle peut être leur spécialité.

Elles ne doivent pas se lancer dans tout ce qui, de près ou de loin, confine à la mode. Ces articles, lorsqu'ils sont de vente, peuvent laisser de gros bénéfices, mais lorsqu'ils ont cessé de plaire, ou se sont défraîchis en magasin, ce sont des non-valeurs. La simplicité, dans les matières auxquelles elle touche, comme dans ses opérations, voilà le triomphe de la coopération.

Ainsi, avec la boulangerie, elle obtient des résultats avantageux, que l'on peut estimer presque à coup sûr. Là, pas d'aléa. C'est presque toujours le meilleur point de départ pour une coopérative.

En présence des résultats auxquels arrivent en général les sociétés de consommation, on s'étonne parfois, lorsqu'on n'est pas au courant des détails de la question, de l'insuccès qui est à peu près la règle des sociétés visant à la production.

Les causes de ces sorts différents ne sont cependant pas difficiles à trouver. Si la société de production est compliquée dans ses opérations, difficile quant à sa direction, si les causes de conflits y sont nombreuses par suite de la multiplicité des rapports entre le travailleur et la société, s'ils y sont permanents, peu faciles à régler, il n'en est pas de même dans la société de consommation. Là, tout est élémentaire, tout est prévu, on est libre d'acheter ou de ne pas acheter, de se pourvoir là ou ailleurs. On prend, et on laisse ce que l'on veut. La société et l'individu restent libres, ces difficultés inhérentes au premier cas n'existent pas dans le second.

VIII.

Débuts de l'industrie dans le pays de Montbéliard.

Avec son climat âpre et rude, auquel nous sommes habitués, avec ses gelées tardives au printemps, précoces en automne, et ses brusques changements de température, cette contrée a été pendant longtemps un pays pauvre, et disons-le même quelque peu méprisé, paraît-il, au dehors.

Une trace légère de ce mépris, mais significative pourtant, je la trouve dans le carnet d'un de nos nombreux étudiants à l'université de Tubingue, au siècle passé. Le séquestre où on enfermait alors les étudiants, coupables ou récalcitrants, s'y nommait couramment le *Trou* ou le *Montbéliard*.

Nous avons une preuve visible du peu de superflu dont jouissaient nos ancêtres, dans le défaut de développement qu'a eu chez nous l'architecture, soit civile, soit religieuse. Le moyen âge ne nous a pour ainsi dire point laissé de monument, petit ou grand, présentant un certain caractère,

aucun morceau remarquable, tandis qu'ils foisonnent encore
dans les contrées voisines, en Alsace en particulier, où,
dans chaque bourgade, pour ainsi dire, on peut signaler
quelque chose d'intéressant sous ce rapport.

Pour que cet état de choses fût modifié chez nous, il a été
nécessaire, qu'à côté des ressources insuffisantes dans les
conditions que je viens d'indiquer, de l'agriculture, il vînt
s'ajouter une autre source de profits, que l'industrie fît son
apparition dans notre contrée, puis s'y développât.

A part l'établissement, à Audincourt, des forges, dont la
marche était assurée, tant par la rencontre d'un gisement
minier de qualité supérieure, par l'abondance du combustible
fourni par nos forêts, que par le secours, comme force mo-
trice, d'un excellent cours d'eau, à part cet établissement,
remontant au commencement du dix-septième siècle, mais
qui ne prit de développements marquants qu'au dix-huitième,
l'industrie pendant longtemps ne fut pas heureuse chez nous.
Les barrières douanières qui nous environnaient y étaient
sans doute pour beaucoup, une réglementation abusive du
travail n'y était pas étrangère non plus. A Montbéliard fonc-
tionnait cependant une imprimerie, des tanneries ; des faiseurs
de bas au métier y étaient établis. Dans le vallon de Glay
étaient plusieurs papeteries, mais ce n'était pas important.
En juin 1764 Georges-Samuel Sahler, bourgeois de Montbéliard, obtint du Conseil de Régence de la Principauté, un
privilège ou permission de douze ans, pour établir, à Montbéliard, une manufacture *de filage et tissure de coton*. Il peut
être intéressant de connaître les articles de cette pièce qui
se rapportent à la réglementation du travail des ouvriers ;
c'est pour cette raison que nous la citons spécialement.

« Ledit Sahler pourra occuper jusqu'à trente chefs de famille, lesquels, en ce cas, seront exempts de toutes corvées
et prestations seigneuriales, pourvu qu'ils soient concentrés
dans les bâtiments de la manufacture et non autrement.

«Dans le cas où ledit Sahler et ses associés viendraient à avoir des contestations avec leurs ouvriers, le Conseil en prendra connaissance pour leur faire droit sommairement.

«Les gens désœuvrés et fainéants, tant de la ville que de la campagne, pouvant être occupés utilement dans ladite fabrique, on ordonne aux maire et neuf bourgeois de ladite ville, ainsi qu'aux ministres, de concert avec les maires des villages, de remettre dans un mois, sur le bureau du Conseil, et à l'avenir, tous les ans, une liste exacte de toutes les personnes qu'ils connaîtront hors d'état de fournir à leur entretien, faute de travail, ou par négligence, en observant d'insérer leur âge, celui de leurs familles, s'ils en ont, avec leurs qualités, pour obliger ensuite ceux qui sont en état de travailler à se présenter auxdits Sahler et Cie, lesquels devront les occuper, soit au filage, soit à la tissure de coton, moyennant un salaire raisonnable.

«En conséquence de quoi, on fait très sérieuses défenses dès à présent à toutes les personnes qui sont en état de travailler, de mendier à l'avenir, soit en ville, soit à la campagne, à peine de désobéissance et punition suivant les cas.»

Par ces citations, nous voyons quelles idées avaient alors cours, au sujet de l'industrie. Établir une manufacture avec permission de douze ans : mais c'est un délai à peine suffisant pour une mise en train, lorsque tout est à créer! Limiter le nombre des ouvriers; contraindre au travail les gens désœuvrés et fainéants; les imposer, quelle que soit leur incapacité professionnelle, au bénéficiaire du privilège! Tout cela peut à bon droit paraître singulier. — Nous sommes réduits aux conjectures quant aux capacités créatrices, administratives et commerciales que possédait ledit Sahler. Mais il est certain qu'avec les entraves qui étaient apportées au travail au moment où il vivait, les conditions étaient mauvaises pour les novateurs. Sa tentative ne fut pas heureuse, il n'eut pas le succès qu'il espérait!

Nous devons attendre l'avènement du présent siècle, avec les libertés plus grandes qu'il apportait, pour voir décidément prospérer l'industrie dans cette contrée. A ce moment, MM. Japy, à Beaucourt, Peugeot, dans la vallée d'Hérimoncourt, MM. Sahler (petits-neveux du précédent), à Montbéliard, Méquillet et Noblot, à Héricourt, furent les premiers créateurs d'industries ayant apporté l'aisance et la richesse dans ce pays de Montbéliard. Leurs successeurs en ligne directe sont encore sur la brèche et ont trouvé de nombreux imitateurs.

IX.

Les sociétés coopératives aux environs de Montbéliard.

Pour arriver au terme de cette étude, il nous reste à dire ce qui se rattache plus particulièrement à la contrée que j'indique. Cela ayant déjà fait l'objet de ma part d'un travail publié l'année dernière, je n'y reviendrai pas longuement.

A part les fruitières, dont nous avons parlé, il n'a été fait, dans nos environs, à notre connaissance, aucun essai de production coopérative. Quant aux sociétés de consommation que nous avons vues se développer dans notre contrée dès 1868, nous pouvons dire que, contrairement à ce qui a eu lieu dans d'autres centres, ce mouvement n'a revêtu aucun caractère de lutte sociale. Bien au contraire. Il n'a jamais été question de nommer nos sociétés, comme on l'a fait ailleurs : la *Revendication*, ni même l'*Émancipation*. Leur nom, en général, c'est la FRATERNELLE, l'UNION, la MUTUELLE, désignations plus en rapport avec les sentiments de ceux qui les ont fondées, et des membres qui les composent.

Ce qui, à l'origine, a motivé leur création, c'est ce fait que, dans des localités, telles qu'Audincourt, Hérimoncourt, Beaucourt, Valentigney, l'accroissement de la population, — grâce au travail qui était offert à des prix de main-d'œuvre plus élevés qu'ailleurs, — l'accroissement de la population, disons-nous, a été plus rapide que celui du petit commerce. Celui-ci, soit qu'il ne sût pas s'approvisionner aux meilleures sources, soit qu'il prît un bénéfice trop considérable sur des marchandises dont il trouvait trop facilement peut-être le placement, n'était pas à la hauteur de sa tâche. Les objets de première nécessité se vendaient à des prix beaucoup trop élevés.

Les origines de nos sociétés sont diverses. J'ai parlé déjà de la généreuse initiative de M. Émile Peugeot, grâce à laquelle les *Fraternelles* de Terreblanche et de Valentigney ont été fondées. Pour d'autres sociétés, il peut être délicat et difficile en tous cas de dire quelle est la part qui, dans leur création, revient au chef ou à l'initiative de nombreux employés et ouvriers qui, voyant les résultats obtenus chez des voisins, ne demandaient qu'à élargir, au profit d'un plus grand nombre, ce mouvement bienfaisant. Mais aux yeux de certains théoriciens, tout ce qui, de près ou de loin, vient du patron, toutes les choses dont il peut avoir connaissance, tous les efforts louables qu'il peut encourager, tout cela est vicié dans son origine ! Ce n'est pas la coopération que ceux-ci entendent servir, nous dit l'un de nos écrivains, c'est la cause du patronat. Or la coopération doit tendre à la suppression du patronat.

Précédemment nous nous sommes, je le crois, suffisamment arrêtés à cette conception particulière de la société pour n'avoir plus à y revenir. Poursuivons donc notre énumération et disons que nous avons parmi nous des sociétés pures de cette tache originelle du patronat.

Je citerai, en particulier, les sociétés de Montbéliard, de

Pontarlier, de Besançon, de Belfort; la *Société coopérative alimentaire* de Beaucourt, l'une de nos plus belles sociétés.

A très peu d'exceptions près, nos sociétés font le pain. J'ai dit déjà qu'il était très avantageux pour une coopérative de commencer par là. Les résultats d'abord sont mathématiques. Le pain est fait à façon par un boulanger, auquel la société prête son four. Il n'y a aucun déchet, aucune perte. Mais là n'est pas le seul avantage. Comme le pain est un article dont l'approvisionnement se renouvelle plusieurs fois par semaine, il procure à la société la fréquente venue au magasin du sociétaire, qui, avec le pain, fait d'autres achats.

De même, le partage des bonis, au prorata des consommations, est à peu près la règle générale. Les sociétés qui ne l'ont pas adopté, n'ont pas à se louer de leur détermination, qui certainement nuit grandement à leur développement, non seulement comme nombre de sociétaires mais encore comme importance des achats de chacun.

Il faut bien s'avouer que l'homme est particulièrement sensible à l'intérêt. Ceux qui se laissent guider par des sentiments plus élevés, mais contraires à celui-là, seront longtemps encore une minorité, une exception pourrions-nous presque dire, une exception qui fait honneur à l'espèce humaine, mais numériquement une exception! Aucune éloquence n'atteint, pour la généralité, celle du chiffre. Il faut donc que chaque sociétaire sache, qu'en achetant beaucoup au magasin coopératif, il touchera beaucoup de bonis, et en achetant moins, peu de bonis. C'est assurément très prosaïque, peu relevé comme sentiment, mais, l'expérience est là, cela seul peut assurer de réguliers, importants et fréquents achats. Ne nous faisons pas d'illusions à ce sujet.

J'indiquerai encore deux points sur lesquels nos sociétés sont unanimes. Elles ne s'occupent pas de spiritueux. On trouve généralement que cet article peut donner lieu, dans sa manipulation et dans sa vente, à une foule d'abus. La

tentation est grande pour l'employé du magasin et pour
l'acheteur. Du reste les négociants de nos environs livrent à
domicile, des tonnelets de vin de trente à quarante litres, à
volonté.

Nos sociétés ne s'occupent pas davantage du commerce de
la viande fraîche. L'achat des bêtes est une affaire de ma-
quignonnage, sans contrôle possible, qui nécessite des connaissances spéciales et des déplacements. La vente de la
viande n'est pas facile, car il y a beaucoup de choix, et tous
les sociétaires ont les mêmes droits. De plus, elle présente
des aléas considérables, elle nécessite un local particulier et
un personnel spécial[1].

Au mois de septembre de l'année dernière, s'est réuni à
Paris, un grand congrès international de sociétés coopératives
de consommation. Une grande publicité avait été faite longtemps à l'avance dans les journaux spéciaux, en faveur de cette
réunion. Le nombre des sociétés françaises qui ont pris part
à ses délibérations n'a cependant pas été considérable,
puisque cent cinq seulement étaient présentes ou représentées
à la séance qui a suivi celle d'inauguration. Le septième
seulement environ de nos sociétés françaises, d'après ce
chiffre, aurait donc participé à ses travaux. Dans ces conditions, ce congrès représentait-il bien exactement la coopération française? Nous ne le croyons pas. Comme cela arrive
toujours en pareil cas, les plus calmes s'étaient abstenus,
étaient restés chez eux, et les plus ardents seuls avaient la
parole.

L'esprit qui a régné au congrès, et qui n'est autre que celui
que nous avons combattu dans le cours de cette étude, n'a pas
satisfait nos sociétés de ce rayon. A la suite, elles se sont

[1] La société coopérative de Pont-de-Roide fait exception; elle a pu, à
côté de ses magasins, installer une boucherie dont le fonctionnement
est régulier et satisfaisant. — En dehors de notre contrée nous savons
qu'on a parfois réussi, mais plus souvent échoué dans cette voie.

nettement séparées du centre directeur, en décidant, au mois de décembre dernier, la création d'un groupe indépendant, sous le nom de Chambre consultative des intérêts coopératifs de Montbéliard.

Contrairement à ce que nous avons vu se produire trop souvent au sein de la coopération, qui compte un trop grand nombre de théoriciens, la Chambre consultative de Montbéliard a décidé qu'elle entend ne s'occuper que des questions qui ont un intérêt direct et immédiat pour la coopération. — Vous allez vous noyer comme des mouches engluées dans la mélasse! nous disent charitablement nos contradicteurs, qui se comparent aux alouettes montant et chantant vers le ciel! — C'est la gourmandise qui tue la mouche, et l'alouette se laisse prendre à tout ce qui brille. Évitons ces défauts divers.

Si j'avais à définir d'un mot le mouvement coopératif, tel qu'il s'est manifesté chez nous depuis son origine, je dirais qu'il a été essentiellement pratique, sage, se rendant compte de ce qui est possible et de ce qui ne l'est pas. On tient compte chez nous, non pas seulement dans leur abstraction, des principes, mais aussi du milieu dans lequel il faut les appliquer, de la valeur des instruments. On n'a jamais pensé, comme on l'a cru ailleurs, que l'on peut tout savoir sans avoir rien appris ; qu'on improvise sur l'heure un négociant, un comptable, un caissier ; que le premier venu est capable d'acheter, de vendre, de distribuer, sans la connaître, toute espèce de marchandise ; qu'on peut sans inconvénient changer fréquemment de directeur, de gérant, d'administrateurs, d'employés même; qu'il n'est pas besoin d'unité dans une direction. Enfin, qu'une société peut marcher sans frais et sans moyens de contrôle. Tels sont pourtant les principes auxquels ailleurs semblent obéir certaines sociétés, qui, avec un système pareil, ne tardent pas à s'effondrer.

Un détail, particulièrement important dans ses conséquences pour nos sociétés, est celui de la constitution du

4

fonds de réserve. Comme l'une d'elles, la *Coopérative alimentaire* de Beaucourt, paraît avoir eu un sens très exact du problème qu'il s'agissait de résoudre, on me permettra d'entrer dans quelques explications à ce propos.

Dans toute société par actions, le fonds de réserve est obligatoire, d'après nos lois. Une partie des bénéfices doit y être annuellement consacrée, jusqu'à ce qu'il ait atteint le quart du capital social. Son rôle consiste à donner plus de ressources à la société et à faire face aux pertes éventuelles.

Un fait, particulier aux sociétés coopératives de consommation, est le peu d'importance du capital social relativement au chiffre d'affaires qu'elles font. Beaucoup d'entre elles, dans l'espace d'une année, par leurs opérations, renouvellent jusqu'à dix fois leur capital. Une circonstance fortuite peut très facilement entraver leur marche, la prudence commande donc la formation dans ces sociétés de fortes réserves. Aussi beaucoup d'entre elles attribuent au fonds de réserve une large part de leurs bonis. Mais ici se pose une question intéressante : Supposons qu'une de ces sociétés, au capital de 50,000 francs, divisé en actions de cinquante francs, possède une réserve égale de 50,000 fr. Le prix de l'action sera t-il toujours de cinquante francs, ou devra-t-il être monté au double, soit à cent francs? Si le prix de l'action n'a pas varié, le vieil actionnaire qui aura contribué à former la réserve, prise sur des bénéfices qu'il n'aura pas touchés, sera lésé, et le nouvel actionnaire recevra dans ce cas, pour cinquante francs, une valeur certaine de cent francs, ce qui n'est certainement pas équitable. Si, au contraire, on admet qu'au prix de l'action doive toujours s'ajouter la part de celle-ci dans le fonds de réserve, tel qu'il résulte du dernier inventaire, le prix de l'action s'élevant d'une façon constante, rendra de plus en plus difficile le recrutement de nouveaux actionnaires. Il faut aussi dire qu'une forte allocation de bénéfice, faite au fonds de réserve, est une entorse donnée au principe de la répartition *au prorata* de la consommation, car l'action ou les actions des très petits consommateurs, qui procurent peu de bonis, bénéficient exactement comme celles des gros consommateurs qui l'occasionnent.

Voici la combinaison à laquelle on s'est arrêté à Beaucourt. Le prix de l'action reste invariablement fixé à cinquante francs. Elle touche, pour toute rétribution, annuellement 5 % d'intérêt. Les bonis chaque année sont intégralement versés à un fonds de réserve, auquel ont part tous les actionnaires, *au prorata* de leur consommation. Ces bonis se trouvent donc *attribués*, mais non *distribués*, jusqu'à la fin de la société ou jusqu'au départ, pour cause valable, du sociétaire. De cette façon on obtient les résultats suivants : Les bonis sont répartis d'une façon parfaitement équitable et proportionnelle. La société dispose de ressources importantes si dans la suite se manifestent des crises politiques ou industrielles, analogues à celles que nous avons déjà vues se produire. Autre avantage non moins grand, le prix de l'action ne s'élevant pas, l'entrée pour de nouveaux sociétaires reste toujours facile.

La Société coopérative de Beaucourt possède une réserve de 65,000 fr. Nous donnons, comme pièce annexe, les statuts de cette intéressante société. (Annexe n° 1.)

Quelle influence, dans leur milieu, nos sociétés ont-elles exercée?

Disons d'abord qu'elles ont fait baisser les prix de vente de la plupart des objets de consommation en usage dans un ménage. Cet avantage ne peut se chiffrer exactement, car il n'a pas été partout le même. Où la concurrence entre négociants existait d'une façon à peu près suffisante, il a pu être minime, tandis que dans nombre de cas il a été considérable, au contraire.

Elles ont rendu un service plus grand par l'attribution,

à la fin de chaque exercice, des bonis. Ceux-ci, suivant les années et les sociétés, peuvent varier du vingtième au dixième de la consommation, ce qui n'est pas une bagatelle !

Mais ces gains matériels, quelque considérables qu'ils soient, ne sont rien à côté des bienfaits moraux. Par ces modestes institutions, les qualités d'ordre, d'économie, de régularité dans les dépenses, ont pu pénétrer dans bien des ménages.

Chez l'épicier, avons-nous dit ailleurs, on achetait sans compter, et surtout on payait quand on voulait, traînant toujours après soi un solde de compte plus ou moins important qui, souvent, n'était pas réglé finalement. Faut-il s'étonner que, vu les pertes qu'il subissait, ce négociant se crut obligé de faire payer très cher ses produits à ceux qui étaient bon payeurs? Avec un tel système de crédit, cela était commandé. L'ouvrier abusait des facilités qu'il trouvait, et ne réglant pas l'épicier, avait toujours assez d'argent pour le cabaret! Maintenant le nombre des saisies-arrêt, faites sur le gain des ouvriers, a grandement diminué.

Il faut encore faire ressortir un troisième point : La société coopérative de consommation a une vertu éducative. C'est en étant associé à la conduite des affaires qu'on se rend compte de ce qu'elles sont, que l'on voit ce qui est possible et ce qui ne l'est pas, que l'on touche du doigt les difficultés, que l'on apprend en un mot, à réfléchir et à raisonner. Donc, sans vouloir exagérer leur rôle, nous pouvons dire que là encore l'action exercée par les sociétés coopératives de consommation a été bienfaisante.

Conclusion.

Nous avons vu bien des manières de voir se faire jour, au sujet de la coopération. C'est avec sincérité et avec un ardent désir d'arriver à la vérité que nous les avons discutées.

Pour les uns, la coopération est une panacée ; elle est capable de guérir tous les maux dont souffre notre organisme social ! La société de consommation nous conduira au magasin de gros unique, qui sera bientôt maître de toute la production manufacturière, de toute la production agricole d'un pays. Il les réglera à son gré. — M'étant suffisamment expliqué, je ne reviendrai pas ici sur tout ce que, dans les pages précédentes, j'ai dit au sujet de cette conception.

Pour d'autres, il n'y a rien à attendre de la coopération, c'est un mouvement sans importance, déjà condamné. — Nous avons répondu en parlant des développements pris par nos sociétés de consommation.

D'autres encore, sans examiner pour l'instant le rôle auquel pourrait prétendre la production coopérative, voient déjà, dans un avenir rapproché, tout le commerce de détail supprimé au profit de la coopération de consommation. C'est peut-être aller un peu vite en besogne ! — Pour ma part, je ne crois pas que la coopération puisse jamais entreprendre de remplacer entièrement le commerce de détail, j'en ai donné les raisons en leur temps. Quelqu'étendu, quelque fertile qu'il puisse être, le champ d'action de la coopération est cependant limité.

Lorsque, pour la réalisation d'un but commun, nous voyons se produire une association d'efforts, un groupement suffisant de petits capitaux, les plus heureux effets peuvent, il est vrai, en résulter. C'est presque toujours le cas lorsqu'il s'agit de sociétés de consommation.

Mais si, au contraire, sortant de ce cadre d'une simplicité primitive, on veut s'attaquer à une opération forcément compliquée, telle que l'est couramment la production, avec ses imprévus, ses problèmes toujours nouveaux et variés, pour la solution desquels, chaque homme peut avoir une manière de voir différente, sans que pour tout autant le chemin à

suivre soit nettement tracé, on voit alors la question changer
de face. Le travail de chaque individualité n'ayant pas la
même valeur, en même temps apparaissent les questions
épineuses et délicates de rétribution proportionnelle de main-
d'œuvre, en même temps se manifestent aussi, sans contre-
poids suffisant, les rivalités inévitables dans toute espèce
d'association. Aussi, pour nous, c'est un devoir de le dire et
de répéter ce que nous avons exposé: en s'aventurant sur
ce terrain nouveau de la production, comme de trop nombreuses expériences l'ont démontré, on va presque à coup
sûr au-devant d'un échec éclatant.

Malgré cela, nous voyons, il est vrai, réussir certaines
maisons de production, plus ou moins coopérative. Je citerai
les maisons Godin, de Guise, Laroche-Joubert, d'Angoulème,
et la maison Leclaire de Paris, cette dernière étant sans
usine, et dans des conditions particulièrement favorables au
succès. Soyons certains alors, que, malgré leur étiquette, ces
sociétés sont encore en possession d'une *direction* énergique,
personnelle, disons même autoritaire. Ces conditions, ces
qualités, n'excluent nullement celles de bienveillance, de
bonté, de générosité. Ce sont ces dernières même, qui,
poussées jusqu'à leurs dernières limites, ont permis d'insti-
tuer dans ces maisons prospères, la participation des ouvriers aux bénéfices.

Tant que le principe de direction restera intact, et que le
participant se trouvera lié, soit par la reconnaissance du bien-
fait, soit par toute autre attache moins fragile que celle-là,
leur marche pourra se maintenir bonne. Mais du jour où il n'y
aura plus de principe d'autorité reconnu, ces institutions ne
manqueront pas de péricliter. Une direction, hors de toute
compétition, et parfaitement indépendante, est une nécessité
absolue dans une entreprise.

C'est assurément avec les intentions les meilleures, mais
aussi avec plus de zèle que de clairvoyance, que certaines

personnes, se livrant à une sorte d'apostolat, représentent dans leurs conférences, la société coopérative de production comme étant la loi d'un avenir prochain, le port de salut en vue duquel nous nous trouvons. L'obstacle principal à la réalisation de ce beau rêve, ce n'est pas la misère intellectuelle et morale de l'homme pris en bloc, ses penchants et ses faiblesses les moins contestables, les différences considérables qui existent entre les bons et les méchants, non, d'après ces docteurs, le seul obstacle, c'est l'égoïsme du patron. Par les illusions que l'on fait naître, ou que l'on entretient ainsi, loin de s'associer, comme on le prétend, à une œuvre de paix, c'est la haine, la colère, l'irritation que l'on sème. Chacun, en effet, n'est pas en état de se rendre compte des éléments d'une question aussi complexe et des obstacles insurmontables qui nous séparent du but qu'on voudrait atteindre.

Il faut bien le dire, nous nous trouvons en présence, non de souffrances seulement, — que nous cherchons à restreindre le plus possible — d'étranges illusions, mais aussi de vigoureux appétits. L'instruction, dont certains attendaient tout, a été impuissante à les apaiser. On pourrait croire qu'elle a eu plutôt pour résultat, en se répandant, de développer des germes de mécontentement préexistants. La lecture de mauvais écrits, dont elle a permis la diffusion, n'y a pas peu contribué. En conséquence, il semble qu'il serait particulièrement nécessaire que les personnes qui s'adressent au public, soient prudentes et assurées de la solidité de leurs bases avant d'entrer en campagne, si elles ne veulent pas s'exposer à faire plus de mal que de bien.

Mais, me dira-t-on peut-être, avec votre système, le rôle de la coopération est singulièrement réduit. —Qu'en reste-t-il? — Il en reste la société de consommation[1].

---

[1] On a vu, par tout ce qui précède, que cette conclusion n'a rien de particulièrement absolu.

Je crois qu'actuellement, nous nous trouvons là sur un terrain absolument sain, le seul parfaitement solide en fait de coopération. L'excellence de toutes les œuvres de prévoyance, d'assistance mutuelle, dont le nombre s'est singulièrement multiplié, n'a plus besoin d'être démontré. Or la société de consommation doit être évidemment rangée au nombre de celles-ci. Elle est le complément naturel de toutes les autres ; son action est particulièrement féconde. Elle produit l'épargne, elle donne des habitudes d'ordre, elle fait connaître les bienfaits de l'association ; elle instruit et elle éduque même dans une certaine mesure.

On a cherché de nombreux moyens capables d'améliorer la situation de l'ouvrier, et parmi ces moyens, quelquefois on a prôné la grève. Sans vouloir prétendre que toutes celles qui ont été organisées n'avaient pas de raison d'être, ou ont été à l'encontre du but poursuivi, qu'elles n'ont pas pu, quelquefois, après bien des souffrances, améliorer la position des travailleurs qui y avaient recours, je crois que dans un intérêt commun aux entrepreneurs et aux ouvriers, la grève doit être évitée. Il faut se rendre compte que c'est une arme à deux tranchants et prévoir, non seulement les conséquences immédiates qu'elle peut produire, mais aussi les plus lointaines. Or il n'y a de travail normalement possible que si chacun y trouve son compte. Avec des exigences trop grandes de l'ouvrier, l'entrepreneur, poussé dans ses derniers retranchements, cesse ou réduit son travail, et l'industrie se transporte alors là, où la main-d'œuvre permet encore de l'exercer avantageusement. Une grève peut avoir pour effet de déplacer un courant commercial. Pour son approvisionnement, forcé de délaisser le point où elle sévit, le commerçant pourra prendre l'habitude de s'adresser ailleurs.

La grève, c'est la guerre ! Nous pensons au contraire, que, mieux que toute autre chose, ce qui peut assurer le bien-être général, c'est la paix.

De tous temps les inégalités de position entre les hommes ont existé. A notre époque, loin de s'accentuer, par une plus égale répartition de jouissances, par une atténuation sensible dans les souffrances et les privations des moins favorisés, les effets de cette inégalité diminuent d'importance. Il faudrait tout un chapitre pour rendre cette idée aussi sensible que nous le voudrions et lui donner les développements nécessaires. Mais cela élargirait trop le cadre de ce travail. Ce fait est du reste patent.

Ce qui est nouveau, par contre, c'est la rapidité avec laquelle, de nos jours, peuvent s'élever certaines fortunes, la facilité aussi avec laquelle, les plus intelligents, les plus travailleurs, les mieux armés pour la lutte, pour peu que les circonstances les favorisent, peuvent sortir de la position dans laquelle la naissance les a placés. C'est une source abondante de mécontentement pour la masse moins favorisée qui l'envie.

Une chose nouvelle encore, c'est la transformation qui s'est produite dans le courant de ce siècle, dans les rapports d'employeurs à employés. Encore aujourd'hui, dans l'agriculture, toutes les personnes occupées dans une ferme, forment avec le propriétaire ou son fermier, une sorte de famille, tous travaillent ensemble, souvent prennent leurs repas en commun. Il y a connaissance personnelle, échange de rapports même en dehors du travail. Il en était de même aussi dans les commencements de l'industrie, l'apprenti, l'ouvrier, le patron étaient en contacts constants. De cet état de choses naissait forcément une sympathie mutuelle, qui rendait les rapports faciles.

Aujourd'hui, il n'en est plus ainsi. Souvent il arrive que le patron, cantonné dans la direction commerciale de son entreprise, délègue à des contre-maîtres toute son autorité. Il ne connaît plus ses ouvriers qui ne le connaissent pas davantage.

Dans notre contrée, ce fait ne se produit pas, aussi, les rapports entre patrons et ouvriers, en général, sont satisfaisants.

Voici un trait de mœurs local que nous empruntons à
l'ouvrage *Histoire d'un Village* de M. le Dᴿ Muston, relatif
aux commencements, il y a une centaine d'années, de l'industrie à Beaucourt. Il décrit l'usine naissante :

« Dans les ailes du bâtiment, dit-il, se trouvaient les salles
à manger, les cuisines, et aux étages supérieurs, les
chambres à coucher, les dortoirs. Tous les ouvriers prenaient
place autour d'une grande table présidée par Frédéric Japy.
Toutes les ouvrières prenaient leurs repas dans une autre
salle, la salle des femmes, sous la surveillance de Mᵐᵉ Japy. »

L'un des anciens ouvriers de Beaucourt[1], devenu plus
tard chef d'un de nos établissements industriels de la contrée, disait : Nous appelions Mᵐᵉ Japy, la maman, et M. Japy,
notre père.

Certes, il n'est plus possible de revenir à cet âge d'or, les
conditions sont changées. Mais il me semble qu'il y a dans
ce simple fait plus qu'une indication, et que la solution du
problème, c'est beaucoup le retour à des sentiments respec-
tifs de sympathie, qui se sont affaiblis, c'est la reprise des
rapports personnels bienveillants là où ils se trouvent dis-
tendus.

Ici, je voudrais me taire, ou passer la plume à quelque
austère moraliste. Bien mieux que moi, en effet, il serait à
même de nous dire de quelle façon il faut s'y prendre, comment, dans la crise actuelle, nous pouvons agir, quels ont
été aussi les torts réciproques, car il est probable que de
part et d'autre il y en a eu. Au lieu de cette ingrate besogne,
il me sera permis de rappeler ce qui a été entrepris dans
notre contrée, où cette question sociale, dont on nous parle,
n'a pas revêtu jusqu'ici le caractère aigu qu'elle a pris ailleurs.

Voici ce qu'on a fait et qui n'a pas été inutile sans doute.

---

[1] M. Auguste L'Épée de Saint-Suzanne.

Depuis longtemps, prenant souvent nos modèles en Alsace, d'où nous sont venues tant d'utiles indications, on s'est intéressé au sort du travailleur.

Ce qui, à bon droit, a tout d'abord préoccupé nos industriels, c'est la question du logement. L'ouvrier dans notre contrée est convenablement logé, soit dans des maisons, dont il est lui-même propriétaire [1], soit dans des cités ouvrières, soit dans l'intérieur de nos villages, qui tous ont un air d'aisance, dont l'étranger est souvent frappé.

Depuis une trentaine d'années il a été établi aussi, dans presque toutes nos usines, des caisses de secours mutuels subventionnées par les patrons. A Audincourt, les trois caisses de secours qui fonctionnent ont ensemble un budget de dépenses annuelles de vingt mille francs [2].

Une seule de nos maisons industrielles de la région, croyons-nous, a institué chez elle une caisse de retraites. Mais dans la plupart de nos établissements il est accordé des secours mensuels à d'anciens ouvriers que l'âge ou les infirmités ont rendus incapables de continuer leur travail.

Je ne parle que pour mémoire ici des sociétés coopératives de consommation, puisqu'elles ont fait l'objet de ce travail.

Dans chacune de nos localités existe au moins une bibliothèque à prêt gratuit.

Presque partout l'initiative privée a ouvert aussi des ouvroirs, sous la direction de personnes dévouées. Les jeunes filles, futures ménagères, y apprennent, en dehors des heures où elles sont retenues, soit à l'école, soit à l'atelier, les principes de la couture et de la taille des vêtements. Ces ouvroirs font ainsi le plus grand bien.

[1] J'en ai compté cent cinquante à Audincourt dans ce cas.
[2] Les dépenses des caisses de secours consistent, en secours médicaux gratuits, indemnités pour décès, et paiement de demi-journées de travail pendant tout le cours de la maladie de leurs adhérents.

Ce qui pouvait servir à l'agrément et à une saine dis-
traction pour notre population n'a pas été oublié. Ainsi, on
trouve dans notre contrée de nombreuses sociétés de musique,
fanfares, harmonies, sociétés chorales. On y trouve aussi une
dizaine de sociétés de gymnastique bien dirigées. Toutes ces
sociétés sont subventionnées par des patrons ou par de nombreux membres honoraires. Il a été ouvert aussi plusieurs
cafés de tempérance dans lesquels on peut se faire servir
d'autres rafraîchissements que des boissons fermentées ;
jusqu'ici, ils n'ont pas eu grand succès [1].

Un fait heureux, chez nous, c'est la dispersion de l'industrie
dans une quinzaine de localités. L'ouvrier y vit en contact
avec une population rurale, dont les habitudes d'ordre et
d'économie ont sur lui une heureuse influence. Plutôt que
d'aller au cabaret, beaucoup occupent leurs loisirs à cultiver
un champ, un jardin et se tiennent dans leur intérieur.

Dans une grande ville, souvent sans secours, l'ouvrier se
sent comme perdu, noyé, et s'abandonne facilement à toutes
espèces d'influences mauvaises. Ses enfants rôdent dans la
rue sans surveillance aucune.

Habitant un village, placé dans un milieu où on le connaît,
où il peut être aidé au besoin, il se sent quelqu'un, sa vie,
en général, conserve plus de dignité ; sa charge est moins
lourde aussi [2].

---

[1] Ces cafés se trouvent à Montbéliard, Valentigney et Audincourt.

[2] Une étude intéressante à faire, serait un parallèle à établir entre
la partie purement agricole de notre contrée, et celle où l'industrie au
contraire s'est développée. Étudier les transformations qui se sont
opérées, au point de vue de l'accroissement de la population, de la
longévité, de l'excédant des naissances sur les décès, et sur bien d'autres
points encore, serait une œuvre utile. Nous savons déjà, qu'au point de
vue de la longévité et de l'excédant des naissances sur les décès, dans
plusieurs de nos petites localités industrielles, les conditions sont
excellentes, et de beaucoup supérieures à ce que l'on constate pour la
moyenne du territoire français.

Dans la brève énumération de nos institutions utiles que je viens de faire, j'ai laissé de côté tout ce qui se rapporte à la charité proprement dite. Je n'ai pas parlé de nos bureaux de bienfaisance communaux, des asiles et hospices, que la charité privée a fait ouvrir, à Héricourt, à Valentigny, à Beaucourt, à L'Isle-sur-le-Doubs et à Audincourt; de notre société de patronnage pour les enfants indigents, qui en a plus de deux cents à sa charge, de nos sociétés de dames qui visitent les pauvres à domicile, ni des secours que la charité individuelle assez active, quoique comme ailleurs, inégalement pratiquée, distribue assez largement chez nous. Il y aurait cependant, là encore, nombre de remarques intéressantes à faire.

Pour terminer, je n'ai plus qu'un mot à dire. Il me reste à signaler encore une chose nouvelle, ou plutôt par l'extension qu'elle a prise, particulière à notre époque : je veux parler de l'affaiblissement ou de l'anéantissement de l'idée religieuse dans les masses. Il a eu, je le crois, dans l'éclosion de la crise actuelle, une influence prépondérante!

Sans doute, dans ces conditions nouvelles, le prêtre a perdu l'influence dont il jouissait. Mais je cherche en vain à qui cela a profité? Est-ce au faible, au petit, au malheureux, auquel tout idéal, toute consolation ont été arrachés? Trouve-t-il dans toutes les négations, dont on a eu soin d'abreuver son esprit, plus de force, plus de courage ou de résignation, pour tout ce que dans la vie il rencontre d'inévitable? L'instituteur ou son adjoint sont-ils plus dignes en général, ont-ils produit de meilleurs résultats en enseignant la morale, que le prêtre auquel on les a substitués?

Le matérialisme, en un mot, a-t-il fait une œuvre utile quelconque? — Pour moi, je ne le vois capable, mis en présence de celui qui souffre, que de produire deux choses, ou la haine pour les hommes, ou le désespoir.

Appliquons entièrement les principes, faisons litière de

tous les sentiments élevés, et nous verrons l'humanité offrir le triste spectacle d'une meute à la curée!

C'est bien un peu ce qui arrive, la grande préoccupation du jour, ce n'est pas, comme en d'autres temps, le triomphe de telle ou telle idée, c'est de travailler le moins possible et de jouir davantage. Les désirs de toutes sortes ont cru plus vite que les moyens d'y donner satisfaction. Aussi on s'émeut, on dit couramment que nous sommes sur une pente fatale!

Que faut-il donc pour guérir notre société? Sans doute, des lois destinées à protéger le faible, à punir les coupables peuvent être d'une grande utilité. Mais les lois n'ont d'effet que si elles sont en conformité avec l'esprit public.

Ce qu'il faut donc, ce ne sont pas des systèmes nouveaux, c'est bien plutôt une orientation nouvelle des esprits, une réforme des mœurs, une part plus large faite, dans toutes les classes à la pensée religieuse, au sentiment du devoir; à la résignation, lorsqu'elle est nécessaire; un retour à l'esprit de sacrifice et de véritable fraternité. — Si nous sommes aussi malades qu'on nous le dit, le salut est à ce prix. Ne cherchons pas plus loin; chacun porte en lui-même une partie de la solution du problème.

LÉON SAHLER.

STATUTS

de la Société coopérative alimentaire de Beaucourt.

———

Les soussignés :

Louis BIDEAUX père, employé ; ÉMILE BOUILLON, chef d'atelier ;
JACQUES CORNETET, employé ; EDOUARD COULON, chef
d'atelier ; SIMÉON COULON, chef d'atelier ; AUGUSTE JOFFIN,
comptable ; Louis MAITRE, horloger ; FRÉDÉRIC MORLOT,
menuisier ; ADOLPHE RENAUD, chef d'atelier, et FRÉDÉRIC
SCHLEY, directeur de la Pendulerie, demeurant tous à
Beaucourt et attachés à la Maison JAPY FRÈRES et Cie.

Tous, Administrateurs de la « Société Coopérative alimentaire de Beaucourt », actuellement existante, suivant acte
sous seing privé fait en autant d'originaux, que de parties
à Beaucourt, le deux Janvier mil huit cent soixante quatorze,
déposé au rang des minutes de Me FELTIN, notaire à Delle
(Haut-Rhin), le-vingt huit février de la même année, voulant
continuer et proroger pour une nouvelle période de vingt
années ladite Société qui est anonyme, par actions, à personnes et capital variables, en ont arrêté les statuts pour cette
nouvelle période de la manière suivante:

STATUTS.

Article premier.

La Société conserve la dénomination de « Société Coopérative alimentaire de Beaucourt ».

La durée pour cette nouvelle période sera de vingt années
onsécutives, à partir de l'expiration de la première période.

Le siège social, le comptoir, la caisse, les livres de la Société restent fixés comme précédemment en l'Immeuble que possède la Société à Beaucourt.

Article 2.

La Société a pour but :

De fournir aux associés seuls, et à l'exclusion de tous autres, des marchandises de qualité vraie et de poids sincère suivant les demandes de chacun d'eux.

D'acheter en gros directement des fournisseurs et de vendre en détail au prix de revient, le tout suivant le cours du jour, les denrées et provisions alimentaires de toute nature.

Article 3.

Le capital social et comme maximum éventuel de souscription fixé au chiffre de *quatre-vingt mille francs*, et le minimum au-dessous duquel il ne pourra être réduit à *huit mille francs*.

Le capital réalisé pourra être augmenté indéfiniment par de nouvelles souscriptions et par l'admission de nouveaux associés; chaque augmentation de capital sera votée par l'assemblée générale.

Le capital social sera divisé en actions de *cinquante francs* chacune qui devront être immédiatement réalisées par chaque associé au moment de son adhésion aux statuts.

Après l'accomplissement des formalités légales, nécessaires à la régularité des présentes, il sera remis à chaque associé un titre définitif, s'il ne le possède déjà.

Les actions seront nominatives, signées par deux des administrateurs à ce délégués par le conseil d'administration : elles seront détachées d'un registre à souche et numérotées.

Les actions sont indivisibles, la société ne reconnaît qu'un propriétaire pour chaque action. Elles pourront être cédées totalement, mais non en partie; cettecession se fera par voie de transfert.

Ces actions ne seront remboursables qu'à la dissolution de la Société, sauf les cas ci-dessous prévus à l'article treize.

La possession d'une action comporte de plein droit adhésion aux Statuts de la Société et aux décisions de l'Assemblée générale.

Article 4.

Tout possesseur d'une action sera considéré comme membre de la Société.

Aucun associé ne pourra posséder plus de quatre actions.

Nonobstant la différence du nombre des actions dont ils pourront être porteurs, les associés n'auront chacun qu'une voix dans les Assemblées générales.

Article 5.

Chaque associé a droit à un crédit mensuel qui ne peut dépasser les quatre cinquièmes de ses versements ; en conséquence il sera délivré à chaque sociétaire un carnet sur lequel devront être inscrites jour par jour les sommes des marchandises qui lui seront livrées.

Les achats pour la Société se feront au comptant et aux conditions du commerce au comptant. ·

Article 6.

Immédiatement après la souscription d'un capital d'au moins *huit mille francs*, les anciens Administrateurs convoqueront l'Assemblée générale de tous les actionnaires qui nommeront à la majorité des voix dix administrateurs nouveaux parmi les actionnaires.

En même temps qu'elle nommera le *Conseil d'Administration*, l'assemblée générale nommera un *Conseil de Surveillance* composé de trois actionnaires.

Le Conseil de Surveillance est nommé pour un an, ses membres sont toujours rééligibles.

En cas de décès ou empêchement prolongé d'un membre du Conseil de Surveillance, il est pourvu à son remplacement par la plus prochaine assemblée générale.

Le Conseil de Surveillance se réunit au siège social toutes les fois qu'il le jugera convenable pour prendre communication des livres, examiner les opérations de la Société et vérifier l'État qui doit être dressé chaque semestre de la situation.

Il fait chaque année à l'Assemblée générale un rapport dans lequel il doit signaler les irrégularités et inexactitudes qu'il reconnaît dans les Inventaires.

Il peut convoquer l'Assemblée générale, et conformément à son avis, provoquer la dissolution de la Société.

Les anciens administrateurs constateront par une délibération régulière qui sera déposée pour minute en l'étude d'un notaire :

Les noms, prénoms, qualités et domiciles des Sociétaires et le nombre d'actions de chacun d'eux.

Un exemplaire des statuts de la Société, signé par ces administrateurs, fera partie dudit dépôt.

Cette délibération et cet exemplaire ainsi déposés, il sera fait les publications nécessaires, dans les formes et les délais voulus par la loi.

Article 7.

La Société sera gérée et administrée par les dix administrateurs nommés comme il a été dit ci-dessus.

Le Conseil d'administration sera renouvelé tous les ans par moitié, de façon que les mêmes membres restent toujours au moins deux ans en fonctions, sauf pour le Conseil nommé par la première assemblée générale dont la moitié sera renouvelée au bout d'un an.

Immédiatement après leur nomination, ces administrateurs choisiront parmi eux : un président, un vice-président et un secrétaire.

Le Conseil d'Administration ainsi formé peut déléguer ses pouvoirs à un *Comité d'exécution* élu par lui, parmi les membres qui le composent. Il peut aussi les déléguer, en tout ou en partie, pour des objets déterminés ou pour un temps limité, à un ou plusieurs administrateurs.

Les pouvoirs des administrateurs sont limités, ils ne pourront engager les associés que pour les affaires de la Société.

En ce qui concerne les immeubles et le matériel du magasin de la Société, le Conseil d'Administration ne pourra faire de réparations ou changement, sauf toutefois les réparations urgentes, qu'autant que les plans et le devis desdits réparations et changements auront été approuvés par une assemblée générale.

En cas de vacance par décès, démission ou autres causes d'un ou plusieurs Administrateurs, le Conseil d'Administration pourvoira provisoirement à leur remplacement jusqu'à la prochaine assemblée générale, qui procédera à l'élection définitive.

Le Conseil d'Administration se réunira au siège social aussi souvent que les intérêts de la Société l'exigeront et au moins deux fois par mois.

La présence de sept administrateurs au moins est nécessaire pour la validité des délibérations; et elles n'auront de valeur qu'autant qu'elles seront consignées sur les registres des délibérations et signées par les membres présents.

Article 8.

La Société ne sera pas dissoute par la mort d'un ou plusieurs associés, ses héritiers ou représentants, même ses créanciers ne pourront, sous quelque prétexte que ce soit, requérir l'apposition des scellés, ni l'inventaire judiciaire au domicile et sur les valeurs de la Société; ils devront s'en rapporter aux Inventaires sociaux.

En cas de décès de l'un des Sociétaires, l'action sera remboursée aux héritiers, comme il est dit à l'article treize.

Article 9.

L'assemblée générale régulièrement constituée, représente l'universalité des actionnaires, ses décisions seront obligatoires pour tous les associés.

Elle se compose de tous les actionnaires, mais elle sera régulièrement constituée pour délibérer par la réunion d'un nombre d'actionnaires représentant le quart au moins du capital social.

Toutefois l'Assemblée générale qui aura à délibérer sur la vérification des apports et sur la nomination des premiers administrateurs et celles qui délibéreront, par la suite, sur des modifications aux statuts ou sur des propositions de continuation de la Société au delà du terme fixé pour sa durée, ou de dissolution avant ce terme, ne seront régulièrement constituées qu'autant qu'elles seront composées d'un nombre d'actionnaires représentant la moitié au moins du capital social.

Si ces assemblées ne réunissent pas ce nombre, une nouvelle assemblée sera convoquée à quinze jours d'intervalle et délibérera valablement, quelle que soit la portion du capital représenté par les actionnaires présents.

L'assemblée générale se réunira une fois par an, dans le courant de mai; chaque sociétaire sera convoqué individuellement et par bulletin à lui adressé à demeure huit jours au moins avant la réunion; ses décisions seront prises à la majorité des votants.

Les administrateurs pourront toujours, s'ils le croient utile, convoquer extraordinairement l'Assemblée générale.

L'Assemblée générale sera présidée par le président du Conseil d'Administration et à son défaut par le vice-président ou en l'absence de celui-ci par le plus âgé des membres dudit conseil présents à la séance ; le plus jeune sera secrétaire.

L'Assemblée générale entend tous les ans le rapport des Commissaires sur la situation de la Société, sur le bilan et sur les comptes présentés par les Administrateurs.

Elle discute, et, s'il y a lieu, approuve ces comptes.

Elle nomme les administrateurs à remplacer et les commissaires chargés de la surveillance pour l'exercice prochain.

Elle délibère et statue souverainement sur tous les intérêts de la Société et confère au Conseil d'Administration tous les pouvoirs supplémentaires qui seraient reconnus utiles.

Toute discussion étrangère à l'association y est formellement interdite, sous peine de radiation du contrevenant de la liste des associés.

Les délibérations de l'Assemblée générale seront constatées par des procès-verbaux inscrits sur un registre spécial et signés des membres du bureau.

Les copies ou extraits à produire en justice ou ailleurs des délibérations de l'Assemblée seront signés par le président et un autre membre du Conseil d'administration.

Article 10.

Deux fois par an, dans le courant de mars et de septembre, il sera dressé un état sommaire de la situation active et passive, et une fois par an, au mois de mars, un inventaire général de la situation active et passive de la Société ; cet inventaire sera soumis à l'assemblée générale.

Article 11.

A l'effet de couvrir les frais généraux les administrateurs établiront une plus-value variable selon la nature et les risques des marchandises emmagasinées ; cependant, comme il est impossible d'évaluer d'une manière certaine quels sont les frais généraux, la plus-value sera calculée au delà des probabilités ordinaires ; cette précaution devant laisser, à la fin de chaque exercice, un excédent en caisse, don/era matière à des bénéfices qui après pré'èvement fait d'un intérêt, au taux de cinq pour cent des sommes versées dans la Société,

*seront conservés comme fonds de réserve, auquel auront part les
actionnaires au prorata de leur consommation*, sans que chacun
puisse avoir dans ce fonds une valeur supérieure à trois cents
francs, le surplus devant lui être remboursé en argent ou en
marchandises à son choix.

Le fonds de réserve produira intérêts à trois pour cent
l'an, pour chaque actionnaire, au prorata de sa part dans ce
fonds, jusqu'à son remboursement.

Article 12.

En cas de contestations les sociétaires ne pourront jamais
porter leurs différends avec la Société devant les tribunaux.

Ces différends devront être tranchés par une sentence
arbitrale rendue en dernier ressort, sans l'accomplissement
des formalités judiciaires, par cinq membres de la Société
choisis par l'Assemblée générale convoquée à cet effet.

Les demandes, plaintes et réclamations devront être for-
mulées par écrit et adressées au Comité d'administration ou
remises dans la boîte aux observations qui est fixée dans un
lieu apparent au siège social.

Article 13.

Le sociétaire exclu ou démissionnaire pour cause de départ sera remboursé du montant de son action et du fonds
de réserve y attaché au prorata de sa consommation jusqu'au
dernier inventaire.

Article 14.

Le Conseil d'Administration est chargé de l'exécution de
ses décisions.

Tous les actes quelconques engageant la Société, les
billets, endossements, transferts et mandats, doivent porter
la signature d'au moins deux de ses membres.

La correspondance est également signée par deux membres
dudit Conseil, à moins d'autorisation spéciale donnée par le
conseil d'administration.

Les signatures seront précédées de cette formule:

« Pour la Société coopérative alimentaire de Beaucourt ».

Les administrateurs délégués.

Article 15.

Les obligations créées pour acheter une maison à Beaucourt conformément aux assemblées générales de la Société, prises les vingt septembre et quinze novembre mil huit cent soixante-quatorze, vingt-sept mai et dix-huit juin mil huit cent soixante-dix-sept, vingt-un mai et neuf juillet mil huit cent quatre-vingt-un, sont maintenues.

Le Conseil d'Administration pourra même en porter le chiffre à trois cent cinquante.

Ces obligations ne donnent pas droit aux bénéfices, mais seulement à un intérêt annuel de 5 p. %.

Elle seront de cent francs l'une, comme précédemment, nominatives, porteront un numéro d'ordre et seront signées par deux administrateurs.

Elles pourront être cédées totalement, mais non en partie. Cette cession se fera par voie de transfert sur un registre à ce destiné, déposé au siège de la Société.

Ces transferts seront signés du cédant, du cessionnaire ou de leurs mandataires et visés par deux administrateurs de la Société, qui se tiendra ainsi ce transfert pour signifié.

Les obligations seront remboursables à cent francs au moyen de tirages au sort fixés par l'Assemblée générale.

Le mode, l'époque des tirages et le nombre des obligations à rembourser seront déterminés par le Conseil d'administration.

Article 16.

Les coupons des intérêts des actions seront payés au premier Mars de chaque année au bureau de la Société.

Ceux des obligations au premier Août de chaque année au même bureau.

Article 17.

Les présents statuts seront déposés pour minute en l'étude d'un notaire.

Tous pouvoirs sont donnés au porteur d'un extrait ou d'une expédition du présent acte pour faire les dépôts aux greffes et les publications voulues par la loi.

Fait à Beaucourt (Haut-Rhin) le trente Décembre 1883.

Suivent les signatures.

État nominatif des Sociétés Coopératives de consommation du département du Doubs, du territoire de Belfort et de la Haute-Saône.

Désignation.	Localité.	Date de fondation.	Nombre d'actionnaires.	Capital.	Réserves.	Chiffres de ventes constaté au dernier exercice.

Département du Doubs.

Désignation.	Localité.	Date de fondation.	Nombre d'actionnaires.	Capital. Fr.	Réserves. Fr.	Chiffres de ventes Fr.
1. La *Fraternelle*	Valentigney	1866	234	79,800		413,187
2. La Fraternelle de *Terre-Blanche.*	Hérimoncourt	1867	207	180,000	39,413	400,469
3. La *Prévoyante*	Pontarlier	1868	252	11,750		58,400
4. La *Fraternelle*	Montbéliard	1869	147	25,000	22,000	38,000
5. L'*Union.*	Audincourt	1872	529	26,450	28,963	395,350
6. L'*Épargne.*	Sᵗᵉ-Suzanne	1873	150	20,000	20,000	145,944
7. Société de *Consom. du Rondelot.*	Fesches-le-Châtel	1873	402	39,300	62,914	256,747
8. Société Coop. des *Chaprais*	Besançon	1873	383	20,130	8,158	95,000
9. Soc. *Coopérative.*	La Ferrière-sous-Jougne	1875	250	41,592	20,267	200,575
10. La *Fraternelle*	Badevel	1877	168	14,400	11,516	70,324
11. La *Fraternelle*	Seloncourt	1879	110	29,450	14,709	112,000
12. Soc. *Coopérative.*	L'Isle-s.-le-Doubs	1881	226	20,000	14,500	86,892
13. La *Mutuelle*	Colombier-Fontaine	1883	50	10,000	5,498	93,090
14. Union Syndic. des *ouvriers horlogers.*	Montbéliard	1884	238	16,850	8,812	70,000
15. Soc. *Coopérative*	Pont-de-Roide	1885	138	40,000	25,220	275,000
16. Soc. Coopér. des *employés PLM.*	Besançon	1885	181	13,447	1,500	138,587
17. Soc. Coopér. des *employés PLM.*	Pontarlier	1889	121	6,250	120	59,020

Territoire de Belfort et Haute-Saône.

Désignation.	Localité.	Date de fondation.	Nombre d'actionnaires.	Capital.	Réserves.	Chiffres de ventes
18. *Coop. alimentaire.*	Beaucourt	1874	606	55,400	65,914	270,420
19. La *Coopérative.*	Giromagny	1878	74	10,000	12,975	110 000
20. La *Fraternelle.*	Beaucourt	1882	423	34,659	21,621	278,798
21. L'*Union*	Belfort				1,556	34,620
22. L'*Espérance*	Belfort					
23. Société civile de *consommation*	Héricourt	1872	80	8,000	12,000	86,803
24. La Fraternelle d. *ouvriers horlogers.*	Héricourt	1879	34	4,800	2,000	22,592
25. Soc. Coopérative d'alimentation des employés de chemins de fer.	Vesoul	1890	833	50,000		

La *Fraternelle* de Montbéliard, la *Coopérative des Chaprais* et la *Prévoyante* de Pontarlier ne s'occupent que de boulangerie. L'*Union* et l'*Espérance* de Belfort, sur le compte desquelles nous avons inutilement tenté, à plusieurs reprises, d'avoir des renseignements plus précis, sont des Sociétés d'un type particulier, leurs magasins ne sont ouverts que le soir et deux fois par semaine ainsi que le dimanche matin. Elles n'ont pas d'employés.

Le chiffre moyen de ventes annuelles tel qu'il ressort du tableau ci-dessus est de fr. 162.000 par Société.

Le nombre total des actionnaires des vingt-trois sociétés pour lesquelles nous avons des renseignements complets, est de 5845, mais ce chiffre ne donne pas une indication exacte des familles qui se fournissent aux magasins coopératifs, plusieurs sociétés admettant de nombreux membres adhérents.

Strasbourg, typ. G. Fischbach. — 1833

La Coopération dans ses rapports avec la question sociale.

BIBLIOTHÈQUE
NATIONALE

CHÂTEAU

de

SABLÉ

1991

9 7 8 2 0 1 1 2 9 4 5 6 2